KB069813

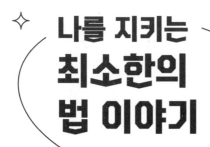

나를 지키는
최소한의
법 이야기

양지열 지음

|주|자음과모음

차례

3

가상공간에서 만나는 법 이야기

4

사회에서 만나는 법 이야기

"변호사님, 안녕하세요? 저 M방송본부 시사 프로그램 피디예요. 지난번에 인터뷰해 주셨는데 기억하시죠? 이번엔 저희가 중고 물품 사기에 관해 다루려고 하는데요. 스마트폰 어플리케이션으로 쉽게 물건을 사고팔 수 있어서 요즘 많이들 쓰잖아요. 청소년들도 이용하더라고요. 그런데 거기서 우리 친구들이 종종 사기꾼에게 당하는 모양이에요. 아무래도 사회 경험이 부족해서 그럴 텐데요. 큰 금액이 오가는 일은 아니지만 부모님께 알리거나 하면 괜히 혼날까 봐 피해를 입고도 쉬쉬하는 모양입니다. 어떤 대책이 필요할 것 같아서요. 인터뷰 한번 더 부탁드려도 될까요? 바쁘시더라도 꼭 시간 내 주세요!"

"안녕하세요, K방송국 사회부 기자입니다. 오늘 저희가 보도할 내용에 관해 전문가의 의견을 듣고 싶어서 전화드렸어요. 중학교 학생들이 사소한 일로 같은 학교 친구를 심하게 괴롭힌 일입니다. 요즘 이런 사건들이 워낙 자주 일어나다 보니 청소년 범죄에 대한 처벌을 보다 엄격하게 해야 한다는 목소리가 높은데요. 어떻게 생각하세요?"

저는 직업이 변호사라, 각종 사건 사고와 관련해 방송 출연이나 인터뷰를 통해 법적인 해설을 자주 하고 있어요. 하루는 유난히 청소년과 관련한 연락이 이어졌습니다. 하기는 평소에도 청소년이 어른 뺨칠 만큼 무서운 범죄를 저질렀다는 뉴스가 심심치 않게 들리지요. 청소년이 가해자로만 등장하지는 않습니다. 가정폭력에 시달렸다거나 청소년을 대상으로 한 경제범죄, 성범죄의 피해자가 되는 일도 종종 있습니다. 그런 사실이 새삼스레 다가왔던 걸까요?

"매킨지! 오늘 왜 이렇게 청소년 관련 사건 사고 소식이 많은 걸까? 나도 몇 년 전에 학교폭력대책심의위원 일을 잠깐 맡았잖아. 그때도 생각보다 일이 많아서 깜짝 놀랐거든. 요즘 청소년이라고 특별히 다른 생각과 행동을 하지는 않을 텐데 말이야. 그 또래에 겪는 어려움도 비슷할 테고……."

"변호사님이 궁금해하시는 게 뭔지 정확히 모르겠네요. 청소년 범죄에 관한 학술 논문이나 통계를 찾아 드릴까요?"

"아, 아니야, 하하. 인공지능인 너한테 묻기에는 너무 막연한 질문이겠다. 그냥 혼잣말한 셈 치자. 내가 재판 다녀오는 동안 중요한 연락은 없었어?"

"잠시만요. 그러고 보니 교육지원청에서 메일이 하나 왔어요. 이것도 청소년 관련인데요. 관할 구역 학교의 요청으로 특강을 부탁했습니다. 수요일이나 목요일 오후 한 시간 정도, 주제는 변호사님이 자유롭게 정하면 된답니다. 일정표에서 가능한 날짜를 추려서 답장을 보낼까요? 학생들 만나는 거 좋아하시잖아요."

"응, 그래. 아니다. 잠깐만! 잠깐만 기다려 봐……. 이번 기회에 청소년 문제에 관해 깊게 다뤄 보고 싶어. 사회가 빠르게 변하는 만큼 청소년들도 어느 정도 법률관계에 대해 이해해야 하지 않을까? 가정이나 학교, 사회에서 직접 부딪히는 일들도 많아졌으니까. 아까 들었잖아. 인터넷으로 중고물품을 거래하는 청소년들도 많다고. 사실 내가 자랄 때만 해도 그런 건 생각지도 못했거든. 죄다 스마트폰을 들고 다니다 보니 준비도 안 된 상태에서 사회로 직접 뛰어드는 거나 마찬가지야. 왕따 같은 문제도 예전에 비해 심각해진 것 같고. 가족에 관한 법 역시 알아야 할 거야. 이를테면 한부모 밑에서 자라는 친구들도 예전에 비해 훨씬 많아졌잖아. 그래! 일회성

특강 말고, 시간을 충분히 주시면 청소년이 꼭 알아야 할 법적인 문제들에 대해 얘기하고 싶다고 답장을 보내 줘. 정중하고 진지하게, 알지?"

"네? 또 그렇게 대충 말씀하시고 저보고 알아서 하라고 하시는 거예요? 제가 인공지능이라는 건 알고 계시는 거죠?"

싫으면 바꿀 수도 있는 게 법이라고?

안녕하세요? 오늘부터 여러분과 함께 법에 관한 이야기를 나눌 변호사예요. 그런데 다들 표정이 왜 그럴까요? 어렵겠다, 재미없겠다 혹은 벌써 졸리다는 얼굴이네요. 어디 보자. 자리부터 조금 바꿔봐야겠어요! 나란히 줄지어 앉은 여러분 앞에 혼자 서 있는 건 불편하니까요. 여기 빈자리에 제가 앉고, 여러분은 책상이랑 의자를 옮겨 저를 중심으로 동그랗게 앉도록 합시다. 너무 다닥다닥 붙지 말고요. 사이로 오갈 수 있도록 통로도 비워 주세요. 앞뒤로 걸어 다니면서 떠들어야 하니까 뒤로 숨을 생각 하지 말고요, 하하. 그런데 도대체 무슨 이야기를 듣고 모였기에 이렇게 모두 근엄한 표정일까요?

법률 수업 하시려는 거 아니에요? 사회 시간에 조금 배우기는 했는데요. 솔직히 재미는…… 없잖아요. 시험 보려고 공부야 했지만 저희랑 딱히 상관있는 것 같지도 않던데. 맞다. 여기 장래 희망이 법조인인 친구도 있는데, 아마 그 친구들은 관심이 조금 더 있을 거예요.

법은 자유롭기 위한 신호등

그렇게들 생각할 줄 알았어요. 제가 가르쳐 드리는 입장이기는 하지만 '수업'이라 여기지 말아 주세요. 선입견을 버리고 법에 관해 편안하게 알아 가는 시간을 가져 봅시다. 깨닫지 못하고 있을 뿐 우리는 모두 가정에서, 학교에서, 일상생활을 하는 동안 법과 함께 살고 있거든요. 그런 뜻에서 이렇게 둘러앉자고 했고요. 뭐, 이렇게 말해도 곧이곧대로 들어 주진 않을 테니 바로 시작할게요.

법이란 어떤 것일까요? 사회의 구성원이 서로 부딪히지 않고 함께 살아가기 위한 기준이라고 할 수 있습니다. 각자 가고 싶은 방향으로, 걸어서 또는 자전거를 타거나 자동차로 마음껏 속도를 올려 움직이면 엉망진창으로 뒤엉키고 말겠지요. 그래서 선을 긋고, 신호를 정해 놓자는 겁니다. 그래도 법이라고 하면 어쩐지 무엇인가를 하지 못하게 하는 일로 떠올리기 쉬운데요. 신호등에 빨간불이 들어오면 다른 쪽은 안심하고 지나가라고 초록불이 켜지는 거잖아요? 가능한 한 많은 사람이 더 자유롭기 위해 조금씩 양보하는 겁니다.

신호등을 보는 일 정도라면 따로 알아야 할 것도 없겠네요. 어른들도 그러잖아요. 법 없이도 살 수 있다고 말이에요. 착하게 사는 걸 잊지 않으면 충분하지 않을까요?

여러분은 학교에 다니면서 어른으로서 세상을 마주할 준비를 하고 있는데요. 단순히 빨간불, 초록불을 아는 정도로 헤쳐 나가기에는 사회가 많이 복잡하답니다. 모르고 있을 뿐 다들 법을 지키면서 살아왔어요. 부모님 등에 업혀서 혹은 손을 잡고 걸을 때는 부모님이 끌어 주는 안전한 곳으로만 다녔던 건데요. 선생님들이 도와주시기도 했고요. 앞으로 혼자서 다니더라도 엉뚱한 곳에서 헤매지 않으려면 알아야 할 것들이 있습니다. 그중 법을 빼놓을 수 없어요.

부모님, 선생님을 따라다니는 동안 이미 배운 것들이 있잖아요. 교회나 절 같은 곳에서 어떻게 살아야 하는지 듣기도 하고요. 그럼 윤리, 종교와는 어떻게 다른가요?

법과 윤리, 도덕, 종교는 공통점도 차이점도 있답니다. 이를테면 '사람을 해치지 않아야 한다'고 하면 모두 고개를 끄덕이겠지요. 지키지 않으면요? 정상적인 사람이라면 양심의 고통을 느낄 거고요. 나중에 지옥에서 천벌을 받는다고 믿는 사람도 있습니다. 대한민국 법에 따르면, 살인죄는 사형, 무기 또는 5년 이상의 징역형에 처해집니다(형법 제250조).

차이가 뭐냐면, 윤리, 도덕, 종교는 사람들 각자 내면의 문제입니다. 어떤 일을 해야 할지 말아야 할지, 어겼을 때는 어떻게 할지 저마다 다를 수 있다는 거예요. 종교에 따라서는 사람의 목숨이 소중한 만큼 다른 생명도 아껴야 한다며 가능하면 고기를 먹지 말라고 가르치기도 하지요. 어떤 종교는 특정한 요일에는 일해서는 안 된다고 하고요. 하지만 모두 그런 가르침을 따라야 하는 것은 아닙니다. 어겼다고 종교 단체에서 딱히 어떤 조치를 취하지도 않습니다. 반면 법은 대한민국에 사는 누구나 따라야 합니다. 내면에 달린 문제가 아닙니다. 어겼을 때는 경찰, 검찰, 법원처럼 공권력을 가진 외부 기관이 나서서 법을 집행합니다. 대한민국 구성원이라면 누구나 지켜야 하고, 강제성을 가지고 있지요.

그것 봐요. 역시 법은 하기 싫은 일도 억지로 시키는 거잖아요.
사람을 해치면 당연히 안 되겠죠. 하지만 그렇지 않은 사소한 일들까지 법으로 만들어 놓고 이래라저래라 하는 거 아니에요? 누구 마음대로 그러는 건지.

국민이 만들고 국민이 지키는 법

과연 그럴까요? 그런 법들은 누가 정하는 걸까요? 옛날엔 법을 신이 내린 말씀으로 여기기도 했지요. 변하지 않는 진리처럼 받들어야 했어요. 왕처럼 모든 권력을 독차지한 특별한 누군가가 일방적으로 명령할 때도 있었고요. 지금은 어때요? 국민이 뽑은 대표인 국회의원이 국회에 모여 만들잖아요. 모두가 직접 나설 수 없어 부득이 선택한 방법이지만, 그렇게 보면 내 손으로 만든 법을 내가 지키는 겁니다. 수갑이 채워지고 감옥에 갇히는 사람도 자신의 선택으로 그렇게 된 거예요. 모든 권력은 국민에게서 나오니까요(헌법 제2조). 대한민국에서 태어날 걸 알고 태어난 사람은 없겠지요. 대신 정말 싫으면 떠날 수 있는 '거주 이전의 자유'도 보장하고 있습니다(헌법 제14조).

그렇게까지 하기 전에 법을 바꿀 수도 있고요. 맞아요. 법은 신의 말씀처럼 절대적인 것이 아니고 변하는 거예요. 과거엔 '사랑의 매'라는 이름으로 선생님이 교실에서 학생을 때려도 법에 어긋나지 않았어요. 2012년부터 체벌을 불법으로 바꾸었지요. 많은 국민이 어떤 이름으로도 폭력은 정당하지 않다고 여기게 됐으니까요. 변화하는 세상에 맞춰 법도 달라지는 겁니다.

18세가 되면 대한민국의 모든 국민은 선거권을 가지지요. 그 순간부터 법은 남이 강제하는 일이 아닌 거예요. 자기 일입니다. "권리 위에 잠자는 자는 보호받지 못한다"는 격언이 있어요. 법이 뭔지 나 몰라라 하다 나중에 딴소리해도 들어주지 않겠다는 겁니다. 할 수 있는 일이 있으면 해야지요. 아직은 미성년자더라도 국민인 만큼 당연히 법의 적용을 받는답니다. 억울하다고 여길 것까지는 없어요. 대신 특별한 보호를 해 주기도 하거든요. 그러니 법에 관해 알아 두면 좋지 않을까요? 어른이 되고 싶어 하고, 곧 어른이 될 테니까요.

국민이 스스로 만들고, 스스로 지켜야 하는 것이 법이라는 거네요. 그런데 법은 왜 그렇게 어렵게만 느껴질까요?

그건 일정 부분 어른들이 잘못하고 있는 거라고 봐요. 쓰는 말부터가 어렵죠. 법전을 그냥 읽으면 분명히 한글인데도 무슨 말인지 알 수 없는 것투성이랍니다. 몇 가지 이유가 있는데요. 우선 일상생활에서는 잘 사용하지 않는 한자어가 많이 등장하지요. 일본의 지

배를 받았던 불행한 역사가 있잖아요. 그때 만들어진 법률 용어들을 여전히 쓰고 있는 탓도 있답니다. 고쳐 나가고 있기는 하지만 아직 멀었어요.

한편으로는 법을 만드는 방법 때문에 어쩔 수 없는 부분도 있기는 해요. 가능하면 비슷한 내용을 압축해 대표할 수 있는 단어를 찾거든요. 일상생활에서도 '폭행'이라는 법률 용어를 많이 쓰는데요. 주먹으로 때리거나 발로 차고, 머리채를 쥐어흔들고 하는 것들이 모두 폭행입니다. 법전에 그 모든 방법을 나열하다 보면 얼마나 두꺼워야 할지 상상하기조차 어렵잖아요. 그러다 보니 익숙한 단어인데도 막상 법적으로 정확한 의미를 파악하기 어려울 때가 있는 겁니다. '사람'이라는 평범해 보이는 단어조차 법적으로는 따져진답니다. 엄마 배 속에 있는 아이는 '사람'일까요? 뇌사 상태에 빠진 환자라면 어떨까요? 시작과 끝에 관한 여러 가지 기준이 있을

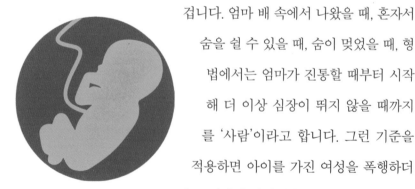

법이 정하는 '사람'의 기준은?

겁니다. 엄마 배 속에서 나왔을 때, 혼자서 숨을 쉴 수 있을 때, 숨이 멎었을 때, 형법에서는 엄마가 진통할 때부터 시작해 더 이상 심장이 뛰지 않을 때까지를 '사람'이라고 합니다. 그런 기준을 적용하면 아이를 가진 여성을 폭행하더라도 태아에 대해서까지는 폭행이 아닌 겁

니다. 대신 엄마가 출산을 시작하면 독립된 생명으로 여겨 보호해야 합니다. 끝은 어떨까요? 설령 뇌사 상태에 빠졌더라도 맥박이 잡히는 한 함부로 죽은 사람처럼 여기면 안 되고요. 함부로 치료를 중단하면 살인이 될 수 있습니다.

벌써 머릿속이 복잡해지는 거 같아요. 국회의원처럼 법을 다루는 일을 하는 사람들이 빨리빨리 정리해 줬으면 좋겠어요.

그래요. 하지만 어려워 보인다는 이유로 나 몰라라 하면 안 됩니다. 법의 주인은 어디까지나 국민이니까요. 알아서 잘해 주겠거니 하고 맡겨 놓기만 했다가는 특정한 몇몇 사람만을 위한 나라가 될 수도 있어요. 모든 사람이 법률 전문가일 필요는 없지만, 누구든지 서로 지켜야 할 최소한의 약속은 알고 있어야 하니까요.

알겠어요. 그럼 어디서부터 어떻게 시작해야 하나요?

헌법, 민법, 형법이라는 세 가지 기본

우리가 살고 있는 대한민국이라는 나라가 어떤 원칙으로 만들어졌는지 큰 틀을 정해 놓은 것이 헌법이고요. 그 틀을 지키며 사람과 사람 사이 관계에서 이뤄지는 일들에 관한 법이 민법, 공동체를 유지하기 위해 지켜야 할 선을 정해 놓은 것이 형법입니다.

세 가지를 기본 3법이라고 하는데요. 여러분이 지켜야 할 최소한의 질서, 당장 학교생활을 하면서도 부딪힐 수 있는 문제를 포함한 형법부터 살펴보기로 해요. 어떤 행위가 범죄이고, 그런 행위를 했을 때 어떤 벌을 내릴지 정해 놓은 법률을 통틀어 형법이라고 해요. 넘지 말아야 할 선이라고 할 수 있습니다. 함께 사는 사람들 각자의 생명, 신체, 재산, 명예를 비롯해 모두의 안전, 더 크게는 국가를 지키기 위한 것이지요. 선 안에서 원하는 일을 하면서 살아가도록 하자는 겁니다. 다시 한번 강조하지만 형법은 여러분을 가두기 위한 울타리가 아니라 자유롭고 편안하게 지낼 수 있게 도와주는 존재랍니다.

마치 쉬는 시간에 운동장에서 마음껏 달리라는 것과 같네요. 바깥으로 나가 차들이 달리는 도로까지 뛰어들지 말고요.

맞아요. 그러려면 어떤 행위가 죄에 해당하고, 얼마만큼 벌을 받게 되는지 미리 법전에 딱 써 놓아야 합니다. 법전에서 보고 알 수 있어야 국민이 조심할 수 있지 않겠어요? 그래서 설령 누군가 이전에는 상상조차 못 했던 나쁜 행동을 했더라도, 범죄로 정해 놓지 않았다면 처벌할 수 없습니다(죄형 법정주의). 언뜻 잘못된 일처럼 보일 수 있지만 국민의 자유라는 더 큰 정의를 지킬 수 있는 장치입니다. 법이 없으니 해도 되는 일인 줄 알았는데, 느닷없이 벌을 주면 행동 하나하나가 조심스러워질 테니까요.

그렇게 해야 권력을 가진 사람이 마음에 안 든다는 이유로 자기 뜻에 반하는 사람들에게 불이익을 주는 일도 막을 수 있겠지요.

마찬가지 이유로 딱 맞아떨어지는 법이 없다면서 대충 비슷한 법을 끌어다 쓰는 일 역시 형법에서는 절대 금지입니다(유추 해석 금지의 원칙). 보는 사람마다 자기 편한 대로 해석하는 것부터 막아야겠지요. 귀에 걸면 귀걸이, 코에 걸면 코걸이라는 표현 들어 봤을 거예요. 알쏭달쏭한 내용이 아니라 누가 봐도 명확한 내용으로 죄와 벌을 정해 놓아야 합니다(명확성의 원칙).

처벌하지 않던 행동을 갑자기 불법으로 정해서 예전 행동까지 문제 삼는 것도 안 됩니다(소급효 금지의 원칙). 이를테면 어떤 기자가 권력자의 잘못을 꼬집으며 폭로하는 기사를 씁니다. 감옥에 보내서라도 막고 싶은데 딱히 지은 죄가 없어요. 가만히 보니 그 기자한텐 남들에게 없는 독특한 버릇, 이를테면 기사를 쓸 때마다 종이를 수십 장씩 낭비하는 겁니다. 옳다구나, 하고 그런 버릇을 갑자기 범죄로 정합니다. 게다가 그 버릇을 고칠 기회를 주기는커녕 예전에 했던 행동까지 싸잡아 처벌하는 거지요. 그럼 국민은 불안해서 살 수가 없을 거예요.

죄와 벌을 미리 법으로 만들어 놓아야 한다는 것이 형법의 기본 원칙이라는 걸 이해할 수 있겠지요? 그렇게 만들어 놨는데도 몰랐다면서 변명하는 것을 인정하지 않는 것이 법이고요.

자, 일단 여기까지 할게요. 다음엔 본격적으로 여러분이 가장 많은 시간을 보내는 학교에서부터 시작해 볼까 합니다. 집에 가면 오늘 나눈 이야기를 전부 정리해서 '선물'로 보내 드릴게요.

안녕하세요. 변호사님의 인공지능(AI : Artifical IIntelligence) 비서 매
킨지입니다. 오늘 변호사님과 함께 나눴던 이야기를 글로 정리
해서 전달해 드립니다. 한 번 더 읽어 보면 설명을 들을 때 놓쳤
던 부분이 기억날 거예요. 내친김에 요약하자면 법이란 무엇인
지 법의 개념에서부터 시작했고요. 종교, 윤리와의 차이점을 내
면과 외면의 차이 그리고 강제성이라는 측면에서 알아봤습니다.

대의 민주제를 통해 권력의 주인인 국민에 의해 법이 만들어지는 만
큼 현대사회에서 법의 주인은 국민이에요. 다만 추상적이고 함
축적인 표현 때문에 어렵게 느껴지는 법의 특성에 대해서도 짚
어 봤습니다.

기본 3법 중 형법부터 알아 나가기로 하면서, 죄형 법정주의와 그 파생
원칙인 소급효 금지 원칙, 명확성의 원칙, 유추 해석 금지의 원
칙에 관해 알아봤습니다. 네? 그런 것들을 언제 배웠냐고요? 천
천히 다시 한번 읽어 보세요!

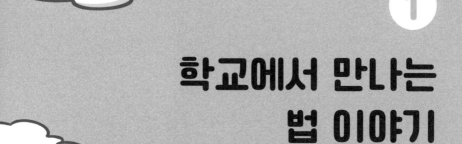

학교에서 만나는
법 이야기

손이 닿지 않아도 폭행입니다

안녕하세요! 어디 보자, 저번보다 표정들이 조금 풀어졌을까요? 전 무지 반가운데, 여러분은 여전한가요? 하하. 오늘부터 학교에서 일어나는 일들에 관해 이야기하기로 했지요. 반갑다며 격렬하게 스킨십 하는 친구, 어제저녁 학원에서 있었던 누군가의 행동을 드라마 작가처럼 생생하게 들려주는 친구, 순식간에 자기 몫을 다 먹어 치우고 남의 급식까지 넘보는 친구, 다른 사람이 메신저에 쓰는 내용이 그렇게도 궁금한지 어떻게든 엿보려 고개를 들이미는 친구, 그걸 보여 주기 싫다며 힘주어 밀어내는 친구의 단체 대화방엔 누군가에 대한 험담이 올라오고 있지요. 십수 명이 하루 종일 좁은 교실에서 함께 있다 보면 별별 일이 다 있습니다. 그러려니 하고 대부분 넘어가기 마련이지만 사실 법의 선 위에서 아슬아슬한 줄타

기를 하고 있을 때가 적지 않습니다. 자칫 발을 헛디뎌 떨어지면 생각보다 큰 충격을 받을 수도 있어요.

학교폭력 문제 같은 걸 이야기하시려는 거예요? 그게 아니라면 고작해야 아이들 장난일 텐데 법적으로 따지는 건 너무한 거 아닐까요?

법의 눈으로 교실 바라보기

교실도 작은 사회인 만큼 안에서 벌어지는 일도, 그 일을 어떻게 봐야 하는지도 어른들의 세상과 크게 다르지 않아요. 아직은 어리고 잘 몰라서 넘어가는 일들이지만 조금만 더 시간이 흐르면 그럴 수가 없답니다. 지난 시간에 법에 관한 이야기를 형법부터 시작해 보자고 했는데, 형법이란 한마디로 죄와 벌을 정해 놓은 것이라고 그랬지요. 죄, 더 정확하게는 어떤 일들을 법률로 범죄라고 하는 걸까요? 어떤 걸 가리켜 법적으로 나쁘다고 하느냐는 겁니다.

그거야 뻔하죠. 누군가를 다치게 하거나 물건을 훔치거나 해서 다른 사람들에게 피해를 입히는 일이 아닐까요?

틀린 말은 아닌데요. 법의 눈으로 어떤 사실을 본다는 건 뭉뚱그려진 하나가 아니라 그걸 이루고 있는 조각들을 하나하나 뜯어 가며 살피는 거랍니다. 어렸을 때 블록 장난감을 가지고 논 기억이 있을 거예요. 레고 같은 거 말이에요. 그걸 조립하는 게 아니라 분해한다고 생각하면 돼요. 앞자리에 나란히 앉은 두 친구 중 하나가 다른 친구의 얼굴 쪽으로 주먹을 뻗었어요. 맞은 친구가 고개를 돌리는데 코피가 주르르 흐르네요. 무슨 일이 일어난 걸까요?

뭐긴 뭐예요. 둘이 싸우다 하나가 못 참고 때렸겠죠. 반장이 선생님을 모셔 와야겠네요.

하하, 아마 그럴 가능성이 제일 높겠지요. 그런데요. 그런 식으로 미리 단정 짓지 말자는 것이 법이랍니다. 일단 주먹을 뻗은 친구가 어떤 생각이었는지 알아봐야지요. 옆자리 친구를 때리려 했던 건지, 얼굴에 앉은 벌레라도 치우려 했던 건지 혹은 친구가 있다는 사실을 잠시 잊고 기지개를 켜려 했던 건지 말이에요. 때리려 했던 게 아니라면 범죄가 될 수 없어요. 의도야 어쨌든 다른 사람이 맞았고 피해를 입었으니 잘못한 거 아니냐고 할 수 있는데요. 혹시 손해가 발생했다면 물어 줘야 할 수는 있겠지만 일부러 한 일이 아니라면 범죄로 보지 않는 것이 원칙입니다. 예외가 있기는 해요. 자동차는 대단히 편리한 교통수단인 동시에 사고가 나면 사람을 크게 다치게 만드는 위험한 물건이기도 하지요. 그런 위험한 물건을 다루는 사람이 충분히 주의하지 않아 다른 사람을 다치게 하면 실수로 일어난 일이라도 범죄로 봅니다. 물론 이런 예외는 많지 않고, 당연히 미리 법으로 정해 놓았어요.

아, 그럼 잘못을 저지르고 붙잡히더라도 장난이었다고 하면 되겠네요! 내 물건으로 착각하고 가져온 것이라고 하면 되고요! 설마 이런 거 가르쳐 주시려는 건 아니겠죠?

아이쿠, 당연히 그건 아니죠. 간혹 범죄자들이 그런 식으로 변명하기도 하지만 통하지 않아요. 어떤 생각을 했는지 누군가의 머릿속을 파헤칠 수야 없겠지만, 바깥으로 드러난 상황을 충분히 살펴보면 알 수 있으니까요. 어떤 행위였는지 그 내용을 보는 겁니다. 때리기 위한 주먹질과 기지개를 켜는 몸짓은 속도나 힘이 많이 다르잖아요. 코피를 흘린다는 결과가 발생한 것도 맞아서 생긴 일인지 따져 봐야 합니다. 혹시 맞기 직전에 손가락으로 코를 너무 세게 후비는 바람에 피가 난 것일 수도 있잖아요. 옆자리에서 그걸 보고 더럽다며 때린 것일 수도 있고요. 여전히 잘못이지만 피가 난 것까지 책임을 물을 수야 없겠지요. 원인과 결과가 이어지는 관계가 아니

정당하고 합리적으로 상황을 판단하기 위한 법.

니까요. 가능성이 낮은 이야기인 건 알아요. 그렇더라도 지레짐작으로 억울한 사람을 만들지 말아야 한다는 게 법의 정신인 겁니다.

이를테면 폭행죄에 대한 형법 조문은 "사람의 신체에 대하여 폭행을 가한 자"라고 돼 있거든요(제260조 제1항). 누군가의 행위가 거기 해당하는지 하나하나 따져야 하는 겁니다. 아주 간단해 보이지만 그렇지 않아요. 앞서 형법에서 언제부터 '사람'이라고 부르기 시작해 끝이 나는지 배웠잖아요. 임부를 폭행해도 태아에 대한 범죄가 아니라고 말이에요. '신체에 대한'은 어떨까요? 사람의 몸을 향해 폭력을 휘두르는 것이고, 꼭 몸에 닿을 필요는 없다고 합니다. 누군가에게 가까이 다가가며 때릴 듯이 손발을 휘두르면 그걸로 충분하다는 거지요. 상황에 따라 헷갈릴 수도 있겠지요? 얼마나 가까이 있어야 할지 얼마나 세게 힘을 써야 하는 건지, 그런 모호한 상황에 대한 판단을 하기 위해 법원이 만들어졌고, 재판이라는 과정을 거치는 겁니다.

그러니까 법률에 쓰여 있는 단어들이 어떤 뜻인지 알아야 하고, 일어난 일이 거기에 해당하는지 맞춰 보자는 거군요. 살짝 흥미롭긴 하지만 그보다는 역시 어렵다는 느낌이 훨씬 더 커요. 법률은 한두 개가 아닐 텐데 그걸 어떻게 다 알아요!

형법으로 지키고자 하는 것들

사람들이 하는 일이 다양해지고 세상이 복잡해지면서 그걸 관리하기 위해 법도 따라 늘어난 거지요. 당연하지만 그 법들을 모두 알 필요는 없답니다. 우리가 형법을 먼저 보기로 한 이유를 기억하지요? 일상생활에서 지켜야 할 최소한의 선이라고 했는데요. 무얼 지키기 위한 선인지 알면 거부감이 더욱 줄어들 거예요. 여러분에게 중요한 건 어떤 것들이 있어요?

학생이니까 아무래도 공부 아닐까요? 공부 잘해 좋은 직장 들어가면 돈 많이 벌 테니까. 그럼 돈인가? 유명한 아이돌처럼 대중에게 인기를 누리고 싶기도 하고. 그런 건 너무 큰 꿈이니까 그냥 건강하고 행복하게 살아가는 거?

다 맞아요. 그런 모든 것이 소중하지요. 법은 여러분의 꿈을 보호하기 위해 존재하는 것이랍니다. 조금씩 차이야 있겠지만 모두에게 공통적인 것들이 있거든요. 형법은 그 공통점들을 순서대로 정리해 지켜 주고 있어요. 우선, 모든 전제 조건이 살아 있어야 한다는 겁니다. 그래서 생명을 지키기 위해 살인을 범죄로 강력하게 처벌하죠. 목숨까지는 아니더라도 건강을 해치는 일도 막아야겠지요. 폭행, 상해를 가하지 못하도록 하고요. 어린아이처럼 도움이 필요한 사람을 내버려 두면 해치는 행위나 마찬가지지요. 유기, 학대 역시 범죄로 보는 겁니다. 이렇게 지켜야 할 법적인 이익에 따라 순서대로 정리한답니다.

사람은 누구나 자유롭게 활동할 수 있어야 하는데요. 해코지하겠다고 겁을 주면서 어딘가에 가둬 두고, 하기 싫은 일을 억지로 시키는 등의 행위는 협박, 체포와 감금, 약취, 강요라는 이름의 범죄입니다. 나중에 자세히 다루겠지만 성적 자기 결정권을 침해하는 강간과 추행도 남의 자유를 빼앗는 나쁜 짓이지요.

어때요? 사회를 이루는 한 사람 한 사람이 자유롭고 행복하게 살 수 있기 위한 기본이 형법이라는 데 고개가 끄덕여지나요?

어떤 뜻인지 알겠어요. 내 마음대로 산답시고 다른 사람의 생명과 건강을 해코지하면 남들도 나에게 똑같이 하겠죠. 서로서로 지켜 주는 게 법이네요. 시키는 대로 하라는 일방적인 명령이 아니고요.

정답입니다. 절대 잊지 말아야 할 중요한 점이에요. 그럼 개인을 보호하기 위해 다른 범죄들도 마저 알아볼게요. 우리는 생명과 신체, 몸의 자유를 누리며 다른 사람들과 관계를 맺으며 살아갑니다. 다른 사람의 명예, 신용을 존중해 줘야지요. 인기 아이돌만 명예가 있는 게 아닙니다. 교류하면서도 각자의 영역을 넘보지 않도록 비밀 침해, 주거 침입 등을 사생활의 평온을 깨는 범죄로 정의해서 막고요. 돈이 중요하다고 했는데요, 맞습니다. 경제활동을 해야 글자 그대로 생명을 유지하면서 먹고살 수 있잖아요. 각자 땀 흘려 모은 재산을 지켜 줘야 합니다. 재산에 대한 범죄들도 종류별로 정리해 놓았는데요. 남의 재물을 몰래 훔치거나 강제로 뺏는 절도와 강도, 사기, 공갈, 횡령, 배임, 장물, 손괴 그리고 권리 행사를 방해하는 죄입니다. 이런 것들이 있다는 정도는 어렴풋하게나마 기억해 두세요.
다음으로 사회를 지키기 위한 법률들이 나오는데요. 잘못을 저

개인을 보호하고 사회를 지켜 주는 법.

지르면 개인이 아니라 여럿에게 피해를 주는 것들입니다. 불을 지른다거나 문서를 위조하고, 물에 독을 푸는 그런 행위들은 범죄로 정해 막아야지요. 사회보다 위의 단계는 국가인데요. 공무원이 뇌물을 받는 것처럼 나랏일을 하는 사람이 저지르는 범죄를 따로 모아 놓았답니다. 어때요? 어떤 것들을 범죄로 정해서 하지 못하도록 막는지 느낌이 오지요?

　　그러게요. 듣다 보니 딱히 어려울 게 없는 것 같기도 하고…….
상식적으로 알고 있어야 할 정도로 말이에요. 여전히 알 듯 말 듯
한 이야기도 있고요.

때로는 분필도 위험하다?

상식이라는 단어가 딱 맞아요. 법은 모두를 위한 것이니까요. 그렇지 않으면 법이 잘못된 거예요. 여러분이 모르는 어른들의 상식도 있기 때문에 그와 관련된 법은 쉽게 와닿지 않을 수도 있겠지요. 운전할 때 충분히 조심하지 않아 사고를 내면 업무상 과실로 처벌을 받을 수 있는데요. 아직 운전을 배우지 않았으니 충분하지 않다는 게 뭔지 막연할 수밖에요.

어른으로서 사회에 나가야 알 수 있는 것들도 있겠죠. 그 전에 형법과 관련해 저희 또래가 기억해야 할 것을 알려 주세요. 손대지 않아도 폭행이라니…… 신기했거든요.

좋은 일도 그렇지만 나쁜 일도 여럿이 어울려 저지르기 쉽지요. 그래서 두 사람 이상이 함께하면 더 무겁게 처벌하는 범죄가 꽤 있답니다. 그럴 때도 비슷한 일이 생기는데요. 다른 친구들과 같이 현장에 있었지만 자기는 손가락 하나 건드리지 않았다고 변명을 하지요. 하지만 하나의 죄를 함께 저지른 공범으로 벌을 받을 수 있어요. 피해자 입장에서는 여러 명이 있으면 그만큼 무섭겠죠. 그중 하나가 팔짱을 끼고 있다고 그만큼 마음이 편해질 리는 없잖아요. 오히려 노려보고 있어서 가장 무서울 수 있습니다. 사람이 많을수록 뜻밖의 상황이 생길 가능성이 높고, 위험하기도 하고요. 비슷한 이유에서 흉기 혹은 위험한 물건을 가지고 폭력을 휘두르면 더욱 무겁게 처벌합니다. 위험한 물건이란 칼, 총처럼 원래 사람을 해칠 목적으로 만들어진 물건이 아니어도 쓰기에 따라 그럴 수 있는 물건을 가리키는데요. 우리 법원은 웬만하면 죄다 위험한 물건이라고 하니까 혹시 다툼이 있더라도 절대 무엇이든 손에 들고 싸우지는 마세요. 학교에서 쓰는 분필도 위험하다고 했거든요. 물론 정말로 다치게 하면 적용되는 법률 자체가 달라지지요.

아무래도 폭력과 관련된 예를 자주 들게 되었네요. 가장 원시적이고 오래된 범죄니까요. 다른 범죄에도 비슷한 원리가 작동한답니다. 이를테면 한 사람이 담장 밖에서 망을 보는 동안 다른 사람이 도둑질해 왔다면 둘 다 절도죄, 정확하게는 합동 절도로 처벌하는 것처럼요. 좋은 일만 같이합시다!

형법의 범죄들은 각각의 구성요건이 있습니다. '사람의 신체를 폭행한
다'는 구성요건과 누군가의 행위가 일치하면 일단 범죄의 외형
을 갖춘 것이지요. 주관적인 구성요건은 우선 자신의 의사에 의
한 행위인지를 따지는 '고의'가 있습니다. 그 행위를 통해 무엇
을 하려고 한 것인지를 따지는 '목적'과는 다른 개념입니다. 형
법은 원칙적으로 고의에 의한 행위만 범죄로 보지만, 예외적으
로 미리 정해 놓은 것에 한해 과실로 저지른 잘못도 처벌합니다.
객관적인 구성요건은 '사람의 신체'처럼 대상, 행위의 내용, 행위
와 결과 사이의 인과관계 같은 것을 말합니다. 함축적인 단어로
쓴 법률 용어들은 종종 일상생활과 비슷하지만 다른 뜻으로 쓰
일 때가 있으니 변호사님이 짚어 주는 내용을 기억해 두기 바랍
니다.

형법이 범죄로 정해 놓은 것들은 사실 무엇인가를 지키기 위해서입니
다. 개인이나 사회, 국가의 이익을 넘보지 못하도록 금지하는 것
이지요. 즉, 법익이라고 합니다. 사람의 생명, 신체를 시작으로
한 개인적 법익, 사회적 법익 그리고 가장 크게는 국가적 법익
을 보호하기 위해 범죄를 체계적으로 정리한 것이지요. 아직은
남들 이야기처럼 들릴 수 있지만 곧 여러분이 살아갈 세상이니
까요.

어리다고 무조건
용서받을 수는 없어요

지난 시간에 이어 형법에 관해 한 발짝 더 들어가 보려고 해요. 여러분도 점점 더 흥미를 느끼지 않나요? 흠, 설마 저만 혼자 신난 거 아니겠죠? 범죄를 살펴보는 방법이 블록 장난감인 레고를 분해하는 것과 비슷하다고 했잖아요. 막연하게 뭉뚱그려 범죄로 속단하면 안 되고, 법률 문언에 해당하는 행위가 있는지 조각조각 떼어 살펴봐야 한다고요. 그런데요. 법에 쓰인 딱 그대로를 해도 나무라지 않을 때가 있답니다. 이번에도 폭행죄를 예로 들어 볼게요. 분명히 주먹질, 발길질 모두 했는데 잘못이라고 하지 않는 경우가 있습니다.

알쏭달쏭 무슨 말씀인지 모르겠네요. 때리면 나쁜 거지 그래도 괜찮은 게 어딨어요? 요즘은 선생님도 부모님도 매를 들면 안 되는 거잖아요. 심지어 군대에서도 폭력은 용서하지 않는 걸로 아는데요. 친구들끼리 장난치면서 옥신각신하는 일일까요? 그것도 엄격하게 따지면 문제가 된다고 하셨던 것 같은데…….

상황에 따라 달라지는 법적 평가

어렵게 생각할 필요 없어요. TV에서 복싱 본 적 있지요? 서로 주먹으로 때려 상대방을 쓰러뜨리는 경기잖아요. 이종격투기는 발길질도 서슴없고, 검도는 잘못하면 크게 다칠 수 있는 죽도까지 들고 싸우지요.

난센스 퀴즈였던 거예요? 범죄인지 아닌지 따지자는데 스포츠 경기가 거기서 왜 나와요.

진지한 이야기인데요. 그럼 경찰이 범인을 체포하는 과정에서 몸싸움하는 건 어때요? 의사가 수술용 칼을 들고 환자의 환부를 가르는 일은요? 흉악범이 피해자에게 상처를 입히는 것과 행위 자체는 다를 게 없습니다. 업무를 위한 일, 법으로 허락한 일, 사회적인 합의가 이루어진 일이기에 나쁘다고 보지 않는 것뿐입니다. 사납게 짖는 개를 피해 남의 집 담장을 넘었어요. 무단으로 다른 사람이 머무는 곳에 들어가면 주거 침입에 해당하는 게 원칙이지만 그런 경우라면 불법이 아닌 것으로 봅니다. 겉보기엔 범죄의 구성요건을 갖추었어도 나쁘다고 하지 않지요. 정당방위라는 말은 들어 봤지요?

　알아요. 나쁜 사람이 먼저 때리거나 하면 맞서 싸울 수 있게 해 줘야 하는 거겠죠.

　바로 그런 식으로 어른들도 많이 오해한답니다. 슈퍼히어로가 등장하는 영화에서 악당을 물리치면 속이 후련하지요. 현실에서는 개인이 다른 사람을 벌주는 일은 금지입니다. 죄를 지은 게 분명해 보여도 수사와 재판이라는 정당한 절차를 거쳐야 합니다. 안 그러면 저마다 힘을 믿고 설치는 무법천지가 될 테니까요. 그런 측면에서 정당방위도 아주 제한적으로만 인정합니다. 도망가거나 다른 도움을 구할 수도 없을 때, 그런 방법 말고는 없는 급한 상황에서, 공격보다는 방어하기 위한 행위일 때만 가능합니다. 싸움이란 공격과 방어를 서로 주고받는 것이지 오로지 막는 일이 아니잖아요. 누군가 먼저 한 대 때렸다고 똑같이 되돌려 주는 건 정당방위가 될 수 없지요. 누군가 한 대 때렸더라도 계속 주먹질을 하지 않는 한 위험한 상황은 이미 끝난 셈이니까 맞서 싸우면 방어가 아니라 보복인 겁니다. 화가 나도 꾹 참고 경찰을 찾으세요.

와, 그럼 어려서 봐준 거지 범죄를 저지르지 않은 친구가 없겠는 걸요? 심각하게 싸우지 않았더라도 밀고 당기는 실랑이 정도 안 하면서 자란 사람이 누가 있겠어요?

만 14세에 이르지 않았을 때는

맞아요. 그리고 그게 따져 봐야 할 마지막 조각이랍니다. 범죄의 구성요건을 갖추었고, 불법이 아닌 예외에도 해당하지 않는다면, 끝으로 책임을 물을 수 있는지 확인합니다. 다섯 살짜리 꼬마가 예쁜 천 조각을 모은답시고 가위로 엄마 옷을 갈기갈기 찢어 놓았어요. 아이는 무슨 일을 하는지 분명히 알고 있었고, 정당하다고 볼 사정도 없지요. 그렇다고 그 아이를 벌줄 수는 없잖아요. 자기가 저지른 일이 나쁜지 어떤지 판단하기 어려운 나이이기 때문입니다. 심각한 정신장애 때문에 산 사람을 귀신인 줄 알고 공격했다면 어떡해야 할까요? 그런 경우 역시 분명히 외형상 범죄가 맞아도 책임을 묻기 어려운데요. 뉴스에서 간혹 범죄자가 '심신미약'을 주장한 다는 내용을 본 적이 있을 겁니다. 술을 많이 마셔 제정신이 아니었으니 용서해 달라는 식입니다. 어른들도 흔히 하는 오해인데요. 술 때문에 감정 조절을 못 해 쉽게 화를 내거나 자신이 무슨 일을 했는지 기억을 못 할 수는 있어요. 하지만 그런 사실과 자신이 하는 행위가 어떤 일인지 모른다는 건 구분해야 한답니다. 범죄를 저지른다고 생각하지 못했을 만큼 심각하게 판단 능력이 떨어졌고, 그것도 단순한 자기주장이 아니라 객관적인 사정을 봐도 그럴 만했을 정도가 돼야 책임을 줄여 줍니다. 결코 쉽게 인정해 주지 않아요. 여러분과 직접적으로 연관 있는 나이에 관해서는 콕 짚어 법으로 정해 놨답니다. 만으로 14세에 이르지 않았을 때는 "벌하지 아니한다"라고요(형법 제9조).

　이걸 좋아해야 하는 건지 말아야 하는 건지 모르겠네요. 형사처벌을 받지 않을 수 있다는 건 알고 있었는데, 미성년자 전부가 아니라 14세까지만 용서해 주는 거군요.

　법적으로는 자신이 하는 행위에 대한 책임을 질 만한 정신 능력이 없다고 보기 때문입니다. 개인별로 차이는 있겠지만 일단 형법은 14세를 일률적인 기준으로 선택한 건데요. 조금 더 자세히 알아

소년원은 처벌이 아닌 보호를 위한 시설이다.

보기로 해요. 만 10세도 되지 않았을 때는 어떤 형태로든 국가가 나서서 벌을 주지 않고요. 만 10세부터 만 13세까지는 형사처벌은 아니지만 보호처분이란 걸 받습니다. 대개는 강의를 듣거나 사회봉사를 하도록 하는데요. 드물게는 6개월에서 2년까지 소년원에서 지내도록 합니다. 그래도 징역형과는 달리 흔히 '전과'라고 부르는 기록이 남지는 않아요. 처벌이 아닌 보호를 위한 제도이기 때문입니다. 자신을 다스리지 못하면 다른 사람은 물론 자기 자신도 다치게 할 수 있으니까 '보호'하는 거지요.

만 14세부터 만 18세까지는 큰 잘못을 저지르면 형사처벌을 받을 수 있습니다. 원칙적으로 어른과 똑같이 형법을 적용하기는 하는데, 대신 처벌을 다르게 합니다. 같은 범죄라도 어른에 비해 가볍게 선고하는 거지요. 설령 징역형을 내리더라도 소년 교도소에 따로 모여 지내도록 합니다. 성실하게 생활하면 기간을 줄여 주기도 하고요. 형사처벌이든 보호처분이든 어른에 비해 가볍기는 하지만 그냥 용서해 주는 건 절대로 아닙니다.

이런 '특별 대우'를 받는다는 게 어쩐지 그저 좋지만은 않네요. 뭔가 어른들이 저희를 얕보는 거 같기도 하고요. 청소년이라고 해도 용서하기 어려울 만큼 아주 무서운 일을 저지를 때도 있는데. 그래도 봐주는 게 옳은 일일까요?

벌을 주기보다 잘못을 깨우칠 기회를

그런 생각이 들 수도 있겠지요. 음, 어디서부터 정리해 볼까요……. 형벌이라는 게 뭔지부터 이야기해 보면 어떨까 싶네요. 징역형은 사람을 오랜 시간 가둬 두면서 행동의 자유를 뺏는 일이잖아요. 요즘도 어떤 나라에서는 마치 사극에서처럼 사람을 심하게 때리기도 합니다. 심지어 목숨을 빼앗기도 하고요. 선진국이라는 미국의 일부 주에서조차 여전히 사형을 집행하거든요. 아무리 죄를 지었다고는 하지만 이렇게 해도 되는 걸까요? 해도 된다고 하더라도 그럼 어떤 죄에 얼마만큼의 벌을 주어야 할까요?

글쎄요. 딱히 생각해 본 적이 없는데요. 잘못했으면 그에 해당하는 대가를 치르는 게 당연한 거 아닐까요? 남에게 피해를 끼쳤으면 자신도 그만큼의 고통을 겪어야죠.

"눈에는 눈, 이에는 이"라는 식으로 말이지요? 실제로 그런 취지로 법을 만들기도 했어요. 기원전 18세기 함무라비법전에 그런 문장이 들어가 있거든요. 고조선의 법률도 비슷했고요. 국가가 나서서 개인의 복수를 대신 해 주는 셈이었지요. 그런데요. 눈을 다치게 한 사람은 똑같이 눈을 다치게 만든다……. 그렇게 해서 얻는 것이 뭐가 있을까요? 형벌을 집행하기도 어렵고, 피해 입은 사람의 눈이 돌아오는 것도 아니고요. 다른 방법으로 대가를 치르도록 오늘날처럼 벌금형, 징역형이 만들어진 것입니다.

문제는 여전히 그대로 남아요. 쉽게 말해 남의 물건을 훔친 사람을 교도소에 가둬 두는 이유가 뭔지 말입니다.

몇 가지 이론이 있습니다. 우선 사회를 이루고 함께 살아가는 구성원으로서 지켜야 할 선을 넘은 것이잖아요. 그 때문에 깨진 질서를 회복하기 위해 문제를 일으킨 사람에게 일정한 부담을 지운다는 겁니다. 커다랗고 완벽한 동그라미가 있다고 생각해 보세요. 그 동그라미 한쪽에 흠이 생긴 겁니다. 그 흠을 메우는 데 필요한 조치라는 형이상학적 이론인데요. 죄가 클수록 자연스레 형벌도 커지겠지요.

과거의 잘못보다는 미래를 위해 형벌이 필요하다는 주장도 있습니다. 도둑질하면 6년 이하의 징역형에 처한다고 딱 정해 놓아야 경각심이 생긴다는 거지요(형법 제329조). 범죄를 예방하기 위해

벌을 준다는 겁니다. 범죄를 저지른 사람은 형벌을 받고 나면 무서워서 다시 잘못을 반복하지 않을 테고, 그 모습을 보는 다른 사람들 역시 마찬가지일 수 있겠지요. 이런 입장에서는 무겁게 벌을 줄수록 사람들이 조심할 것이라는 가정 때문에 지나치게 가혹한 형벌을 만들 수도 있습니다.

그래서 요즘은 두 가지 입장을 적당히 섞어 죄에 대한 대가와 미래를 위한 예방의 성격이 함께 있다고 보는 것이 일반적인데요. 단순해 보이지만 구체적인 사건을 놓고 보면 그렇지도 않습니다. 간혹 정말 끔찍한 범죄를 저지른 사람들의 신상이 공개되는 걸 본 적이 있을 거예요. 분노한 사람들이 '사형' 이야기를 꺼내곤 합니다. 어떤 범죄든 사람의 목숨을 대가로 삼는 걸 과연 정당하다고 할 수 있을까요? 말이 나온 김에 친구들과 사형에 관해 토론해 봐도 좋을 듯합니다.

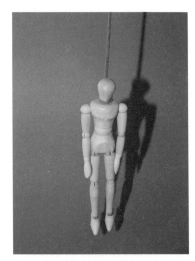

찬반 의견이 팽배한 사형제도.

사형제도에 반대하는 입장은 무엇보다 인간의 존엄성을 강조합니다. 생명이란 그 무엇과도 비교할 수 없는 절대적이고 유일한 가치라는 것이지요. 게다가 사형을 당하는 사람만 놓고 보면 더 이상 미래가 없기 때문에, 앞으로는 죄를 짓지 말라는 예방 효과를 거둘 수가 없지요. 사람이 하는 일이기 때문에 실수할 수 있다는 것도 문제입니다. 억울하게 사형을 당했는데 나중에 진실이 밝혀져도 되살릴 방법은 없으니까요.

그럼에도 불구하고 사형제도를 유지해야 한다는 쪽은 범죄자의 인권보다 피해자의 인권을 더욱 중요하게 여겨야 한다고 주장합니다. 다른 사람의 생명을 빼앗은 극악무도한 범죄자에게까지 인간의 존엄을 따져야 하느냐는 것이지요. 설령 사형을 집행하지 않는다고 할지라도 잠재적 범죄자에게 강력한 경고를 줄 수 있다는 점도 강조합니다. 대한민국에서는 1997년 이후로 사형 집행을 하지 않았지만 제도 자체는 여전히 유지하고 있는 것도 그런 이유 때문이라고 합니다. 개인적으로 저는 사형에 반대하는데요. 다른 사람의 목숨을 빼앗는 일도 경우에 따라 정당할 수 있다는 발상 자체를 막아야 한다고 생각합니다. 여러분도 각자의 입장을 정리해 의견을 나눠 보세요.

뭔가 철학적인데요? 미성년자에 대한 처벌이 이렇게 깊이 생각해야 할 문제인지 몰랐어요.

여러분 모두의 미래와 관련된 문제인데 당연히 깊게 고민해야지요. 그럼 본래 이야기로 돌아가서 왜 청소년에 대한 형벌을 가볍게 하는 걸까요? 가장 큰 이유는 청소년기가 육체적, 정신적으로 자라고 있는 시기라는 것이지요. 한순간의 잘못된 판단으로 처벌을 받았다가 평생 범죄자라는 오명을 쓰고 살기에는 너무 안타깝다는 겁니다. 과거에 대한 책임보다는 미래에 더 무게를 두는 겁니다. 게다가 청소년뿐만 아니라 어떤 범죄도 단순히 처벌을 무겁게 하는 것만으로 줄어들지는 않거든요. 형벌보다는 보호처분을 통해 잘못을 깨우치고 나아질 기회를 주자는 겁니다.

이런 취지에도 불구하고 소년법을 폐지해야 한다는 목소리 역시 높습니다. 최소한 처벌할 수 있는 나이라도 낮추자고 합니다. 13세까지가 아니라 12세, 10세 정도까지만 소년법을 적용하자고 하지요. 왜냐하면 여러분이 앞서 지적한 것처럼 청소년 범죄가 과거와는 비교하기 어려울 만큼 심각하다는 겁니다. 여러분도 뉴스에서 종종 접해 봤을 거예요. 인터넷에 좋지 않은 정보도 넘쳐 나고, 그런 정보들을 이용한 범죄는 어른들 뺨칠 정도거든요. 좋지 않은 쪽으로 할 수 있는 일들이 훨씬 많아진 겁니다. 물론 이런 반론에 또 반론도 가능하겠죠. 청소년이 쉽게 나쁜 길에 빠진 건 어른들이 만든 잘못된 환경 때문이니까 여전히 청소년에 대한 보호가 필요하다고요. 하하, 헷갈리나요? 여러분 스스로 어떻게 하는 것이 옳은지 이 문제에 대해서도 냉정하게 생각해 보면 어떨까요?

이번 시간에는 행위 자체만 놓고 봤을 때는 범죄의 구성요건을 모두 갖췄지만, 특별한 상황 때문에 위법하다고 보지 않는 위법성 조각 사유에 관한 이야기로 시작했습니다. 법령이나 업무에 의한 정당행위, 자신 또는 타인의 법익에 대한 현재의 부당한 침해를 막기 위한 정당방위가 대표적이지요. 적극적으로 맞서 싸우는 일은 좀처럼 정당방위로 인정받기 어렵다는 점은 꼭 기억해 두세요.

범죄의 구성요건에 해당하고, 위법한데도 책임을 묻기 어려워 처벌하지 않거나 가볍게 처벌하는 경우에 대해서도 배웠습니다. 14세 미만 청소년은 법적으로 책임능력이 없다고 정해 놓았는데요. 14세를 넘더라도 미성년자에 대해서는 특별한 보호를 위해 소년법을 적용한다고 소개했지요. 관련해 누군가를 형사처벌 하는 것을 정당화하는 이론으로 응보주의, 공리주의와 두 가지를 결합한 결합설을 다뤘습니다.

사형제도와 소년법을 유지하는 것이 좋을지 찬반양론으로 나눠 다뤄 봤는데요. 변호사님이 숙제 아닌 숙제로 여러분끼리 토론해 보면 좋겠다고 했지요. 다른 사람의 의견과 비교하며 자신의 입장을 정리해 보는 일은 법을 공부하는 가장 좋은 방법이랍니다. 어떤 주장을 할 때는 반드시 이를 뒷받침하는 근거를 가지고 해야 한다는 점도 잊지 마시고요.

점심을 함께
먹지 않아도 폭력?

　전 요즘 스스로 많이 신기해요. 여러분 또래일 때는 학교 가는 게 싫을 때가 참 많았는데, 요즘은 재미있거든요. 여러분을 만나는 게 그만큼 즐겁다는 거예요. 음, 고개를 끄덕이는 친구가…… 몇 명은 있네요, 하하. 고마워요!

　학교는 참 독특한 시공간입니다. 아침 일찍부터 같은 옷을 입은 또래 청소년들을 같은 사각형 모양의 교실마다 모아 놓고, 정해진 시간에 따라 공부하고, 쉬고, 밥을 먹게 합니다. 반마다 선생님들이 번갈아 들어가서, 역시 같은 내용을 가르치지요. 우리 헌법은 "모든 국민은 능력에 따라 균등하게 교육을 받을 권리를 가진다"고 하면서 "의무교육은 무상으로 한다"고 보장하고 있습니다(헌법 제31조 제1항, 제3항). 지금은 중등 과정까지 의무교육으로 하니까 대한민국 국민은 특별한 사정이 없으면 초등학교, 중학교 최소한 9년은 그렇게 청소년기를 보내야 합니다. 대학교를 진학하지 않더라도 고등학교까지 12년을 대부분 그렇게 보내지요. 여러분이 딱 그런 시기에 있는데요. 권리를 누리고 있다고 생각해 본 적이 있을까요?

그럴 리가요. 보통은 그냥 당연히 다녀야 하는 거로 알고 있지 않을까요? 새삼 생각해 보니 답답하게 여겨질 정도인데, 권리라니요!

학교라는 특별한 공간을 위한 법

여러분에게는 그렇게 생각될 거예요. 외부의 방해 없이 자유롭게 교육을 받을 수 있기 위한 공간이지만 그 안에 갇힌 것처럼 느껴질 겁니다. 법과 제도라는 틀 안에서 움직여야 하는 것은 사실 '바깥세상' 역시 마찬가지랍니다. 학교는 더욱 작은 공간에서 세상을 살아가기 위한 능력과 경험을 쌓도록 도와주는 것이지요. 그런 점에서는 일종의 생존권이기도 한데요. 여전히 얼른 뛰쳐나가고 싶은 마음이 솟구치는 것도 사실이겠지요.

청소년이 자신과 세상에 관해 깨우치는 과정을 그린 헤르만 헤세의 성장소설 『데미안』에서 많은 사람의 공감을 받은 문장이 있

작은 공간에서 세상을 살아갈 능력을 키워 주는 학교.

지요. "새는 알을 깨고 나온다." 세상으로 나오기 위해서는 온몸으로 부딪쳐 알을 깨야 하지요. 하지만 한편으로 새를 가둔 단단한 껍질은 새가 충분히 자랄 때까지 세상으로부터 보호하는 장치입니다. 그런 만큼 바깥에서 통하는 법을 '법대로' 알 속의 새에게 요구하는 것은 지나칠 수 있습니다.

형법의 기본적인 개념을 알아봤고, 처벌보다는 교화에 무게를 둔 소년법에 대해서도 배웠는데요. 여전히 교실 안까지 그대로 들여오기에는 무리한 점이 있습니다. 무엇보다 외부의 간섭으로부터 보호한다는 학교의 취지와 맞지 않습니다. 그게 학교폭력에 대해 따로 정리하는 법이 있는 이유입니다.

형법에 나오는 폭력에 관한 내용을 모아 놓은 정도겠지요? 대신 학교 안에서 벌어지는 일이니까 어른들보다 많이 약하게 처벌한다는 차이가 있을까요?

맞는 말이기도 합니다. 형법에 관해 설명하면서 법으로 지켜야 할 이익에 따라 체계적으로 정리했다고 이야기했지요. 개인의 생명, 신체부터 시작해 명예, 재산…… 개인이 모여 이룬 사회, 그보다 더 큰 국가를 보호하기 위한 범죄 순서로 했다고요. 일단 그런 것 중 여러분의 학교생활과 밀접하게 관련 있는 것들을 뽑았지요. 거기에 여러분을 보호하기 위한 폭을 넓히기 위해 어른들 사이에서의 일이라면 형사처벌까지 이르지 않을 문제들도 포함시켰습니다. '학교폭력 예방 및 대책에 관한 법률'인데요. 처벌이라는 말 대신 '예방'과 '대책'이라는 표현을 쓴 걸 보면 어떤 취지인지 짐작할 수 있을 겁니다.

여기서 한 가지 짚을 게 있습니다. 앞으로 살아가면서 법적인 문제에 부딪힐 일이 종종 있을 텐데요. 전문가가 아니더라도 관련된 법을 찾아보면 해결책을 찾는 데 도움을 얻을 수 있답니다. 과거에는 법전을 마련해 두고 있는 집이 드물었지요. 그런데 요즘은 여러분 대부분이 손안(스마트폰)에 들고 있어요. 법률 이름을 정확하게 몰라도 상관없어요. '학교폭력' '법률' 식으로 키워드만 입력하면 관런 법률을 찾을 수 있어요. 검색은 여러분이 어른보다 훨씬 잘하지 않나요? 상황에 필요한 법을 찾으면 대개 앞부분에 법을 만든 이유와 목적을 밝히고, 막연하게 짐작하기 마련인 용어들이 구체적으로 무슨 뜻인지 정의해 놓은 조문이 있습니다. 그것만 봐도 막연한 걱정을 많이 내려놓을 수 있는데요. 이번에는 제가 옮겨 볼게요.

이 법은 학교폭력의 예방과 대책에 필요한 사항을 규정함으로써 피해학생의 보호, 가해학생의 선도·교육 및 피해학생과 가해학생 간의 분쟁조정을 통하여 학생의 인권을 보호하고 학생을 건전한 사회구성원으로 육성함을 목적으로 한다. (학교폭력예방 및 대책에 관한 법률 제1조)

어때요? 조금 딱딱한 문장이지만 이해하지 못할 건 아니지요? 그 다음 제2조에 어떤 것들을 '학교폭력'으로 정했는지 나오는데요. 이번에는 살짝 풀어서 옮길게요. 학교 안팎에서(학원이나 집 근처도 해당한다는 뜻이에요), 학생을 상대로(학생끼리는 물론이고, 어른이 학생을 상대로 한 행위에도 적용할 수 있다는 뜻입니다) 발생한 상해, 폭행, 감금, 협박, 약취·유인, 명예훼손·모욕, 공갈, 강요·강제적인 심부름 및 성폭력, 따돌림, 사이버 따돌림, 정보통신망을 이용한 음란·폭력 정보 등에 의하여 신체·정신 또는 재산상의 피해를 수반하는 행위라고 합니다.

'셔틀'이라고 하던가요? 친구에게 시중들게 하거나, 여러 명이 누군가를 콕 집어 몸과 마음에 계속 상처를 주는 이른바 '왕따' 그리고 그런 일을 스마트폰으로 가상공간에서 행하는 '사이버 왕따' 같은 것이 모두 들어갑니다. 더 떠올릴 만한 게 없을 만큼 모든 범죄 유형을 총망라한 거예요.

심지어 법원은 여기서 한발 더 나아갑니다. 법조문에 쓰여 있는 말이 현실 세계에서는 어디까지 가리키는 것인지 정하는 것은 법원의 권한이거든요. 폭행에 관해 이야기하면서 사람을 향해 힘을 쓰는 모든 행위라고 했지요. 꼭 몸에 닿지 않더라도 말입니다. 이렇게 정의를 내리는 일을 법을 해석한다고 하는데요. 학교폭력에 관해 법원은 법전에 나열된 상해, 폭행, 감금 등의 문구는 예시에 불과하고, 위 문구에 해당하지 않는 행위라도 학생의 신체·정신 또는 재산상 피해를 수반하는 행위라면 모두 학교폭력 행위에 해당한다고 했어요. 모든 행동을 예상할 수 없어 법전에 적어 놓지 않은 것이어도 다른 친구를 힘들게 하는 일은 막겠다는 겁니다. 같은 반 친구들끼리 짜고 어느 한 친구와는 급식을 같이 먹지 않으면, 그것도 '폭력'일 수 있는 겁니다.

사실 형사처벌을 하는 법률이라면 이런 식으로 넓게 해석하는 것은 절대 금지랍니다. 죄형 법정주의에 대해 알아봤잖아요. 죄와 벌은 명확하게 정해 놓아야 합니다. 귀에 걸면 귀걸이, 코에 걸면 코걸이라는 식으로 비슷한 법률을 마구 끌어다 사람을 처벌하면 인권 침해가 될 수 있으니까요. 학교폭력에 관해서는 처벌보다 '예방'과 '대책'을 우선시하기 때문에 법도, 법을 적용하는 법원도 학교폭력의 의미를 넓게 보는 겁니다. 가해자도 피해자도 학생이고, 잘못에 대해 벌을 주는 것 못지않게 학교에 남아 필요한 교육을 마치는 일이 중요하기 때문입니다. 단순히 개념만 따로 정해 놓은 것도 아닙니다. 사법기관과 다른 별개의 절차를 만들어 사건에 대처하도록 하고 있지요.

학교폭력심의위원회 이야기하는 거죠? 그 정도는 알아요. 그런데 꼭 그렇게 따로 개념을 정리하고 절차도 따로 밟고 그래야 할까요? 괜히 일만 복잡하게 하는 거 아닌가 몰라요. 그냥 선생님이 적당히 혼내고, 말 잘 듣도록 하면 되는 거 아니에요?

진실만큼 중요한 정당한 절차

어쩐지 TV 앞에서 뉴스 보다가 화내는 어른들 말투 같은데요? 저런 흉악범을 재판까지 거쳐 가며 나라에서 세금으로 먹여 살려야 하느냐는 식으로 감정을 폭발시킬 때 있잖아요. 말이 나온 김에 형법을 적용하는 과정에 대해서도 한번 살펴봐야겠네요. 학교폭력에 대한 절차를 알려면 더 원칙적인 절차라고 할 수 있는 형사소송에 관해 먼저 알아야 이해가 쉬울 수 있으니까요. 지금까지는 어떤 행위를 범죄로 보고, 그에 대해 어떤 식으로 대응할 것인지에 관한 이야기를 했는데요. 그런 일이 있었다는 사실을 밝혀내는 과정인 수사와 재판에 관한 겁니다. 어떤 사건의 실체적 진실을 밝히는 일과 마찬가지로 법은 정당한 절차를 밟는 일을 중요하게 여깁니다. 범죄를 소재로 한 영화나 드라마에서 정의감이 넘치는 형사가 범인을 다그치는 장면을 본 적 있을 거예요. 악랄한 범죄를 저질러 놓고도 뻔뻔스럽게 거짓말하는 걸 꿰뚫어 본 형사가 압도적인 힘으로 범인이 진실을 털어놓게 하는 그런 장면 말이에요. 그럴 때 어떤 기분이 들어요?

속이 후련하지 뭐가 어때요. 꼭 그렇게 맞아야 사실대로 이야기하는 악당이 나오잖아요. 그런 형사가 아니면 감당할 수 없을 만한 끔찍한 범죄자 말이에요.

그래요? 전 그런 장면이 나오면 소름이 끼친답니다. 만약 아무런 잘못도 저지르지 않았는데 저런 일을 겪으면 어떻게 해야 할까 싶어서요. 그걸 보고 잘못된 생각을 하는 사람들이 늘어나면 어쩌나

미디어에서 범인을 다그치는 형사를 흔히 볼 수 있다.

걱정도 들고요. 왕따 같은 학교폭력 역시 사소한 오해로 시작될 때
가 많거든요. 훔치지 않았는데 다른 친구의 물건을 훔쳤다고 몰아
가거나, 누군가의 험담을 한 적이 없는데 보복 아닌 보복을 시작하
는 식입니다. 학교폭력까지는 아니더라도 누구나 억울한 일을 겪은
경험이 있을 거예요. 막 책을 펴고 공부를 시작하려는데, 정말인데,
부모님이 왜 놀고 있느냐며 잔소리를 하거나 하는 일 말이에요.

에이, 그런 일과 비교할 수야 없죠. 영화에서도 형사가 아무한테
나 폭력을 휘두르지는 않잖아요. 사람을 여럿 해친 악마 같은 범죄
자가 분명한데도 거짓말을 하니까, 어쩔 수 없이 그러는 거죠.

영화나 드라마 관객은 어떤 일이 있었는지 처음부터 끝까지 화면으로 봤기 때문에 알고 있는 거죠. 현실에서 그런 일이 가능한가요? 신이 아닌 한 정말 모든 걸 알 방법은 없어요. 산산이 흩어진 증거들로 과거를 재구성하려고 노력할 뿐이죠. 틀림없이 범인일 수도 있지요. 하지만 그러다 억울한 사람을 잡는 일도 틀림없이 일어날 수밖에 없는 거예요. 게다가 그걸 악용하는 일도 벌어집니다. 사극에서 "바른말을 할 때까지 매우 처라!" 하며 고문하는 장면을 봤을 겁니다. 권력을 가진 사람이 누군가를 괴롭히고 싶으면 다짜고짜 그렇게 때리면 되는 거예요. "매에는 장사가 없다"라는 속담도 들어 봤지요? 견디다 못해 자신의 잘못이라고 거짓으로 자백하면, 죄를 인정했다면서 처벌하는 겁니다. 역사적으로 무수히 많은 억울한 사람이 존재했고 아주 가끔이지만 지금도 그런 일이 벌어집니다. 그걸 막는 유일한 방법은 법에 따른 절차를 엄격하게 지켜 가며 사건의 실체를 밝히는 겁니다. 100명의 범죄자를 풀어 주더라도 1명의 억울한 사람을 만들지 않겠다는 것이지요.

와, 뭔가 법이 우리를 위해 굉장히 애쓰고 있는 기분이 들어 뭉클한데요. 한편으로 아찔하고 무섭기도 하고요. 뉴스에서 그런 일을 겪은 사람들 이야기를 들어 본 적이 있거든요.

맞아요. 억울한 일을 겪지 않기 위해서라도 형사소송은 어떻게 이뤄지는지, 우리에게 어떤 권리를 보장하고 있는지 알아봅시다. 먼저 수사란 범죄가 발생하면 범인이 누군지 알아내 붙잡고, 증거를 모으는 활동을 가리킵니다. 우리나라에서는 원칙적으로 경찰에게 주어진 권한인데요. 미란다 원칙이라고 들어 봤을 거예요. 범인으로 의심되는 사람을 붙잡으면 꼭 알려 주는 내용이지요. 변호인의 도움을 받을 수 있고, 진술을 거부할 수 있는 권리가 있다는 사실 말입니다. 왜 말하지 않아도 괜찮다는 권리부터 알려 주는지는 이제 알겠지요? 고문으로 자백을 강요하는 일을 막기 위해서입니다. 거기서부터 시작입니다. 오늘은 여기까지고요.

어린 시절이 떠올랐는지 변호사님이 학교에 관한 이런저런 이야기를 많이 하셨네요. 변호사라고 꼭 법 이야기만 하란 법은 없으니까요. 그렇듯이 형법의 범죄에 해당할 수 있지만 학교에서 특별하게 적용하는 법률을 따로 만들었다는 내용을 다루었습니다.

학교폭력에 대해서는 처벌보다는 예방과 대책을 강조하고 있고요. 법으로, 또 그 법을 해석하는 법원이 몸과 마음 어느 한쪽이라도 아프게 만들면 모두 학교폭력으로 본다고 했지요. 그 과정에서 일상생활에서 부딪히는 문제와 관련된 법률을 찾아보는 방법에 대해 알아보기도 했고요.

실체적 진실을 발견하는 것 못지않게 그 과정에서 절차적 정의를 지키는 일이 중요하다는 점을 강조했습니다. 미란다 원칙이 왜 나왔는지 형사 절차의 시작으로 다뤘는데요. 본격적인 형사재판과 학교에서는 어떤 식으로 응용해 학교폭력에 대비한 절차를 만들었는지 앞으로 다룰 예정입니다.

부모님과 선생님이
나선다고 달라질까요?

자, 오늘은 본격적으로 형사 절차 전반을 살펴볼 텐데요. 형법은 어떤 죄에 대해 얼마만큼 벌을 받도록 할지 정하고 있다고 했지요. 형사소송법은 실제 사건에서 어떤 과정을 거쳐 그런 형법을 실현할 것인지 고민하는 것입니다. 개인적으로 현대의 형사소송이 발전해 온 과정을 간단히 줄이면, 어떻게든 벌주기 어렵게 만들어 온 것이라고 봐요.

잠깐만요. 그게 도대체 무슨 말이에요? 범죄자를 빨리빨리 잡아서 처벌해야죠. 그래야 사람들이 안심하고 살 거 아니에요! 나쁜 일 하는 사람을 벌주기 어렵게 하는 법이 어디 있어요!

물론 그런 면도 분명히 있어요. 어디 보자, 이렇게 생각해 볼까요. 학교에서 공부하는 분위기를 만들기 위한 여러 가지 방법이 있을 텐데요. 순전히 가정이지만 곤봉 같은 무기로 무장한 군인을 투입한다고 해 볼까요? 조금이라도 규칙에 어긋나면 곧장 운동장으로 끌려가 기합을 받는 거예요. 쉬는 시간에도 떠들지 못하고, 자리를 무단이탈하는 일은 상상도 못 하겠지요. 화장실 갈 때도 일일이 허락을 받고, 점심 급식은 10분 내로! 어때요? 숨이 막혀 살 수가 없겠지요. 하지만 분명히 학교는 조용해질 겁니다. 말도 안 되는 이야기처럼 들리겠지만 수십 년 전 대한민국에서 실제로 군인들이 총칼로 권력을 차지했던 역사가 있거든요. 그 당시의 우리나라는 정말 그랬답니다.

권력은 원래 국민을 대신해서 일하라고 맡겨진 것이지만(헌법 제1조 제2항) 아차, 하는 순간 자신의 것으로 만들려는 권력자가 생길 수 있습니다. 그런 권력자가 국민을 향해 권력 아닌 폭력을 휘두를 때 가장 쉬운 무기가 형사소송이거든요. 범죄를 예방한다는 명목으로 거리에 많은 경찰을 동원하고, 자신에게 비판적인 사람들을 어떻게든 범죄자로 누명을 씌워 입을 다물게 하지요. 그런 일을 막기 위해, 그리고 지난 시간에 말한 것처럼 억울한 사람이 한 명이

범죄 예방을 이유로 많은 경찰이 동원되기도 한다.

라도 만들어지는 것을 막기 위해, 형사절차는 까다로워질 수밖에 없었습니다. 범죄자를 처벌하기에는 불편할지 모르지만 더 많은 사람이 안심하고 함께 살기 위해 필요한 조치였던 겁니다. 인권 보호라는 게 그저 막연하게 좋은 말이 아니란 걸 알 수 있겠지요?

너무 큰 이야기라서 살짝 어지럽긴 하지만 알 거 같아요. 그래도 진짜 나쁜 짓을 한 사람을 보호해 주자는 그런 허술한 법은 아닌 거죠?

그럼요. 까다롭게 만들어 억울한 사람이 생기지 않도록 한다는 말을 뒤집으면요. 반드시 진범을 찾아 합당한 벌을 받도록 만들자는 일이기도 합니다. 그런 걱정은 접어 두세요. 게다가 까다롭다는 게 수사와 재판을 받는 입장에서 그렇게 어렵고 복잡한 건 아니에요. 하는 쪽을 엄격하게 만든 겁니다.

일단 쪼개기를 했습니다. 권력분립의 원칙에 대해 들어 봤죠? 권력은 하나로 집중해 있으면 부패하기 마련이라는 것이 역사가 준 교훈이거든요. 그래서 우리도 입법, 행정, 사법을 나눈 삼권분립 국가잖아요. 형사 절차도 마찬가지입니다. 과거의 재판은 판사, 검사로 역할이 나뉘어 있지 않았어요. 범죄자를 찾아내 죄가 있는지 판단하고, 처벌하는 일을 모두 같은 사람 혹은 같은 기관에서 했지요. 일사천리로 처리할 수 있지만 사람이니까 실수를 하기 마련입니다. 자칫 실수하면 억울한 사람의 생명이 왔다 갔다 했지요. 그래서 쪼갠 겁니다.

지금 대한민국에서 범인을 찾고 증거를 모으는 수사는 원칙적으로 경찰이 맡습니다. 법률 전문가인 검찰은 수사 과정부터 범인을 법정에 세우기 위해 필요한 법적 문제를 점검하며 협력하고요. 판사에게 이런저런 범죄를 저지른 사람이니 처벌해 달라고 요구하는 재판부터 본격적으로 검사가 담당합니다. 검사의 요구는 한 쪽의 주장입니다. 최종적인 것이 아니에요. 제3자인 판사가 검사, 피고인 양쪽이 주장하는 내용과 증거들을 판단하고 유무죄를 결정합니다. 그래서 수사할 때와 달리 법정에서는 검사와 피고인이 대등한 위치로 바뀝니다. 실제로 앉는 자리도 판사로부터 똑같은 거리

검사와 피고인이 대등하게 유무죄를 다투는 법정.

에 서로 마주 보고 앉습니다. 동등한 입장에서 사건에 관한 주장들을 펼치지요. 법률 전문가가 아닌 피고인을 돕기 위해 변호인이 나서기도 하고요. 판사는 잘 듣고, 잘 보고 어느 쪽이 맞는지 심판하는 겁니다.

그렇게 역할을 나눠야 어느 한 사람의 잘못된 선입견 때문에 억울한 일이 생기지 않아요. 어느 한 사람이 마음대로 권력을 휘두르고 싶어도 불가능해지는 겁니다. 이를 위한 보조장치들도 있는데요. 의심스럽더라도 유죄 확정 전까지는 무죄처럼 대우하라는 '무죄추정의 원칙' 체포나 구속처럼 사람의 활동을 제한하려면 법원의 영장이 필요하다는 '영장주의' 밀실에서가 아니라 누구나 볼 수 있도록 재판하라는 '공개 재판주의' 어떤 사실이든 증거를 가지고 인정하라는 '증거 재판주의' 그리고 지난 시간에 살펴본 '진술거부 권' 같은 것들이 대표적이랍니다.

어쩐지 앞으로 영화나 드라마를 보는 게 쉽지 않을 것 같은데요. 볼 때마다 이런저런 생각을 하게 될 거 같아서요. 그럼 더 재미있으려나요?

어른들의 도움이 필요한 이유

알고 보면 뭐든 더 재미있을 거예요. 아는 만큼 보인다고 하잖아요. 영화를 떠올리는 걸 보면 아직은 여러분의 일상생활과 거리가 멀다고 생각하는 걸까요? 그렇지 않은데 말이에요. 조금 더 현실과 밀접한 학교폭력에 관한 절차로 들어가 봅시다, 그럼.

큰 흐름은 이렇습니다. 누군가의 신고로 혹은 눈치 빠른 선생님에 의해 학교폭력이 발생했다는 사실이 알려집니다. 일단 그 사실을 학교가 속해 있는 교육청에 알리고요. 학교는 전담 기구를 꾸려 조사에 나섭니다. 경찰이나 검찰의 역할을 하는 기구입니다. 1차 조사 결과 얼마나 심각하냐에 따라서 두 갈래로 나뉘는데요. 누군가 다치지 않았고, 재산상 피해가 없으며, 앞으로 같은 일이 계속될 것으로 보이지 않는 등 가벼운 사안이라면 교장 선생님이 잘 다독이는 정도로 학교 내에서 끝납니다. 물론 피해학생과 보호자 동의를 받아야 하고, 교육청에 보고도 합니다.

전담 기구 조사 결과, 사안이 심각하면 학교폭력대책심의위원회(이하 학폭위)를 열어야 하는데요. 과거에는 각 학교에서 알아서 열었지만 2020년 3월부터는 교육청에서 별도로 운영합니다. 형사 절차에 비교하자면 법원과 같은 역할을 하는데요. 여러 명의 심의위원이 회의를 거쳐 어떤 조치를 내릴지 결정합니다. 심의위원들은 교육 전문가, 법조인, 의사, 청소년 상담 전문가를 비롯한 다양한 사람들로 이뤄지는데요. 청소년 문제인 만큼 반드시 학부모들도 참여하도록 하고 있습니다.

학교 내에서 꾸려지는 전담 기구는 일차적으로 가해학생, 피해학생을 불러 이야기를 들어 보고, 그 밖의 증거도 찾아보는 실태 조사를 합니다. 역시 학부모를 꼭 포함해야 합니다. 아, 참! 교장 선생님은 조사하는 동안 가해학생과 피해학생을 떨어뜨려 놓는 등의 긴급 조치를 취할 수도 있어요.

갑자기 흥미가 떨어지네요. 우리 이야기인데 정작 더 관심이 가지 않는 이유가 뭘까요? 부모님이나 선생님에게 알려야 하는지부터 사실 망설여지거든요. 괜히 일만 커질 수도 있고.

학교는 단순한 건물이 아니라 학생들끼리의 작은 사회인데요. 그렇다 보면 '우리끼리'라는 의식이 강해질 수 있습니다. 선생님, 부모님이 끼어드는 데 거부감이 들 수도 있고요. "우리를 잘 이해하지도 못하는데 뭘 어떻게 해 주겠어"라고 말이에요. '우리'는 또래인 청소년들끼리의 사회를 가리키는 거겠지요. 사회는 사람들 사이의 관계로 이뤄지는데요. 관계란 어떤 식으로든 한번 만들어지면 그대로 굴러가려는 속성이 있답니다. 조금 불편하더라도 적응하려고 하지요. 학교폭력도 그래요. 괴롭히는 쪽이나 당하는 쪽이나 반복하는 동안 으레 그러려니 할 수 있거든요. 사람 몸이랑 비슷하답니다. 어지간히 아파서는 약을 먹거나 병원에 가려 하지 않지요. 참다 보면 낫겠지, 하는 겁니다. 외부에서 그런 일을 끊어 주지 않으면 자칫 큰 병으로 발전할 수 있는 겁니다. 피해학생은 물론 가해학생에게도 도움이 되지 않아요. 부모님이나 믿을 만한 어른과 상의한 다음 정식으로 학교에 신고하세요. 그게 어려우면 학교폭력신고센터 117번을 기억해 두세요. 간단한 상담도 해 주거든요. 아주 큰 문제가 있을 때, 특히 '성'과 관련한 피해를 입었다면 경찰서에 직접 가는 방법도 있어요. 각 경찰서 '여성청소년계'에는 학교폭력 전담 경찰관이 일하고 있습니다.

신고가 망설여지는 게, 무슨 말을 어떻게 해야 할지 막막하다는 이유도 있어요. 전담 기구니 학폭위니 이름부터 거리감이 팍팍 느껴지거든요. 경찰은 말할 것도 없고요.

필요한 말을 처음부터 잘해야

법률 절차에 대한 막연한 거부감이나 두려움이 느껴지는 건 어른들도 마찬가지예요. 어떻게 해야 하는지 조금만 알면 그럴 필요 없답니다. 모든 법을 관통하는 가장 중요한 원리를 알려 드릴게요. 한번 뱉은 말은 주워 담을 수 없다는 겁니다. 그런 만큼 처음부터 신중하게 생각해서 가능한 한 정확하게 말해야 합니다. 말만 정확하게 할 줄 알면 법에 대한 두려움을 가질 필요가 없어요.

애개개, 실망인데요. 그거 그냥 속담 아니에요? 뭔가 대단한 거라도 있을 줄 알았는데…….

그렇게 받아들일 줄 알았어요. 중요한 거 맞아요. 진실은 단순한 법이랍니다. 뭔가 구구절절 설명이 복잡하고, 알 듯 말 듯 어려운 이야기를 하면 오히려 의심스러운 거예요. 사기꾼들은 말이 많지

신고가 어렵다면 학교폭력신고센터 117번을 기억하자.

요, 하하. 여러 사람이 함께하려면 서로를 믿을 수 있어야 합니다. 머릿속을 들여다볼 수 없으니 서로의 말에 의존해야 하잖아요. 내일 같이 점심을 먹자고 하면, 상대방은 그걸 믿고 약속 시간에 기다리겠지요. 안 나타나면 소중한 시간을 버리는 겁니다. 다른 사람의 신뢰를 지켜 주라는 신의성실의 원칙을 가장 기본적인 법인 민법의 첫 번째 원칙으로 삼은 게 당연한 겁니다(민법 제2조 제1항).

형사 절차는 물론 비슷한 과정으로 이뤄지는 학교폭력에 대한 조사에서도 마찬가지입니다. 전담 기구가 꾸려지면 무슨 일이 있었는지 듣는 일부터 시작합니다. 피해학생, 가해학생, 주변 목격자의 이야기를 듣고 기록해 서류를 만듭니다. 대개 학생 확인서라는 이름으로 작성하지요. 물론 CCTV, 문자메시지, SNS 단체 대화방 내용처럼 다른 증거 자료들도 모아야 합니다. 하지만 그런 자료들 역시 그에 관한 설명을 들어야 무슨 일이 있었는지 정확하게 알 수 있지요. 나중에 학폭위가 열려도 우선은 서류를 보는 것부터 시작합니다. 여기서 서로 다른 주장들이 엇갈리면 누구 말을 더 믿을 수 있을지 따져야 하는데요. 같은 이야기를 두 번, 세 번 반복하고, 앞뒤가 맞지 않는 말을 한다거나, 이전에 했던 말을 뒤집으면 믿음이 가지 않겠지요. 처음 꺼낸 이야기가 그만큼 중요하기 때문에 형사 절차에서 '말하지 않아도 되는 권리'를 보장하는 겁니다. 신중하게 생각하고 잘 정리한 다음 입을 열라는 겁니다. 쉽게 뒤집을 수 없으니까요.

간단한 이야기인 듯싶은데 또 그렇지가 않군요. 쉬운 듯 어려운 듯 힘들어요. 그래서 말을 어떻게 해야 잘하는 건데요?

맞아요. 여러 가지 전문적인 분야를 다룬 법들을 보면 말부터 어려워서 도통 무슨 뜻인지 알 수 없을 것처럼 보이기도 하는데요. 막상 뜯어 보면 그 분야의 일에서는 어떻게 약속을 하고 지키도록 할 것인지를 구체적으로 정한 것일 때가 많습니다. 낯선 용어 때문에 첫눈에 이해하기 어려울 뿐이지요. 간단한 예를 들어 볼 테니 당장은 이런 정도라도 기억해 주세요. 같은 반 A가 갑자기 마구잡이로 때리는 바람에 여기저기 멍이 들고 아프다면서 조사하는 선생님에게 분통을 터뜨릴 수 있고요. 2교시 쉬는 시간에 자리에 앉아 짝이랑 이야기하고 있는데, 앞문을 열고 들어오는 A와 눈이 마주쳤고, 빠른 속도로 다가온 A가 책상 앞에 선 채 양쪽 주먹으로 번갈아 4회 힘껏 위에서 아래로 머리를 내리쳤다고 할 수 있을 겁니다. 첫 번째는 A의 구체적인 행동보다는 아프다는 결과와 그로 인한 감정을 호소하는 것이지요. 두 번째는 육하원칙에 따라 A의 행위 자체를 시간순으로 설명하고 있지요. 차이를 알겠지요? 실제 조사를 받는다면 미리 종이에 쓰면서 정리해 보는 것도 도움이 될 겁니다. 거기에 짝의 진술, 다친 부위를 찍은 사진, 병원에 간 기록 같은 것들이 더해지면 벌어진 일을 더 확실하게 증명하는 겁니다. 고개가 끄덕여지면 다음 시간에는 학폭위로 넘어갈게요.

형사소송 절차와 학교폭력의 절차를 비교하며 알아보는 시간이었어요. 수사와 재판을 까다롭게 해야 권력의 남용을 막고, 인권을 보호할 수 있다고 했지요. 무죄추정의 원칙을 비롯한 형사소송의 기본 원칙을 짚어 봤고요. 수사를 맡은 경찰, 검찰과 재판을 하는 법원이 있듯이, 학교폭력이 발생하면 전담 기구의 조사와 학폭위의 판단이 따른다는 간략한 절차를 소개했습니다.

신고를 꺼릴 수 있는 여러분을 설득하면서 학교, 학교폭력신고센터, 경찰로 신고할 수 있는 기관을 알려 드렸는데요. 그렇게 해서 학폭위가 열리면 어떤 조치들을 취하게 되는지를 다음 시간에 알아보겠습니다. 아, 그리고 법 일반에 적용되는 신의성실의 원칙에 대해서도 배웠는데요. 사회생활은 물론 법적 절차에서 말을 정확하게 하는 일이 얼마나 중요한 사실인지도 강조했지요. 말을 잘한다는 게 미사여구로 잘 꾸미라는 뜻이 아니라는 점을 덧붙입니다. 꼭 들어가야 할 내용을 빠뜨리지 않아야 한다는 것이지요. 인공지능인 저만큼만 하면 됩니다.

신고도 조치도
억울하다고요!

드디어 교육지원청에서 학폭위가 열리는 날이네요. 여러분이 가해자로, 혹은 피해자로 참석하게 됐다고 상상하면서 심각하게 한번 따라와 주세요. 그런 가정만 해도 싫으려나요, 하하. 간략하게 어떤 절차로 진행되는지 순서를 알려 드릴게요. 발언이나 행동의 주의 사항을 참석자들에게 알리면서 학폭위를 시작합니다. 위원들은 학교 전담 기구가 조사 결과를 정리한 보고서를 통해 어떤 사안을 다룰 것인지 알고 있지요. 먼저 피해학생 쪽을 불러 이야기를 들어 보고, 질문과 답변을 합니다. 똑같이 가해학생 쪽에도 절차를 진행하고요. 사안에 대해 알고 있는 담임 선생님이나 조사를 담당했던 전담 기구 선생님을 부를 수도 있습니다. 법원의 재판과 비슷하다고 했지요? 보고서로 끝나는 게 아니라 위원들이 직접 관련자들에게 묻고 답을 들으며 사실을 파악하는 겁니다. 조사가 모두 끝나면 회의를 이어가며 어떤 조치를 취할지, 가해학생에게 징계를 할 것인지, 피해학생에게 보호조치가 필요하지는 않은지 결정을 내립니다. 그리고 그 결과를 양쪽에 통보해 주는 거지요.

깜짝이야. 위원회를 연다고 해서 순간 긴장했지 뭐에요. 상상할 필요도 없이 괜히 움찔하게 되는데요. 선생님에게 야단맞는 일과는 뭔가 절차부터 차원이 다르네요. 위원들이 무섭게 하시겠죠?

공정하기 위한 학폭위 절차

있었던 그대로 솔직히 이야기하면 되지 무서워할 이유는 없어요. 어떤 일이 있었는지 알아보는 자리일 뿐, 그 자리에서 당장 벌을 내리거나 하지 않으니까요. 학폭위는 대개 5인 이상 10인 이하로 꾸려지는데요. 교육지원청이나 학교에서 생활지도 업무를 했던 선생님, 법조인, 의사, 경찰, 청소년 연구 기관에서 일했던 사람 등으로 골고루 이뤄진답니다.

그러고 보니 위원들과 관련해 알아 둬야 할 것들이 있네요. 우선 비밀 유지 의무가 있어요. 위원들이 심의 과정에서 알게 된 사실을 다른 사람들에게 알리면 형사처벌까지 받을 수 있답니다. 그러니까 혹시 주변에 소문이라도 날까 봐 걱정하지는 마세요. 출석한 사람들이 안심하고 있는 그대로 이야기할 수 있도록 하는 겁니다.

특정 위원을 위원회에서 빼야 하는 경우가 있습니다. 위원 중 한 사람이 공교롭게도 피해학생의 부모라면 어떻겠어요? 자녀가 맞았는데 냉정하기를 기대하는 건 무리이지요. 그런 상황을 피하기 위해 '제척, 기피, 회피'라는 제도가 있습니다. 제척은, 부모 자식 관계처럼 법에 정한 사유가 있으면 자동으로 빠지도록 하는 겁니다. 기피는, 피해학생 부모와 위원이 같은 동호회 회원인 경우처럼 여전히 한쪽이 불이익을 입을 가능성이 클 경우 당사자가 신청해 참가를 막는 겁니다. 회피는, 기피와 비슷한 사정이 있을 때 위원이 스스로 알아서 빠지는 거고요. 같은 제도가 법원의 재판에도 있답니다.

알겠어요. 그런데 가해자, 피해자가 모두 같은 날 참석하는 거예요? 아직 조치가 정해지기 전이라 마주치기라도 하면 서로 불편할 듯싶은데요.

양쪽 모두 참석 통지서에 적힌 날 나오기는 합니다. 가능한 한 학생과 부모가 같이 오는 게 좋고요. 같은 날이라도 직접 부딪힐 일은 거의 없으니까 너무 걱정하지 마세요. 분리해서 각자 대기실에

학폭위는 심의 과정 중 알게 된 비밀을 다른 사람에게 알리면 안 된다.

서 순서를 기다리도록 하거든요. 피해학생 쪽이 먼저 들어가 위원들과 이야기를 나누는데요. 보통 20~30분 정도 걸립니다. 시간 제약이 있는 건 아니니까 해야 할 말은 충분히 하고 나오세요. 원칙적으로 한 번의 절차로 끝나기 때문에 나중에 후회하지 않도록 말입니다. 중요한 이야기를 빠뜨리지 않으려면 번호 붙인 메모라도 만들어 가는 것이 좋겠지요. 정 걱정이면 아예 할 말을 적어 가서 읽기라도 하세요. 재판에서 변호사들도 그렇게 한답니다. 판사 앞에서 무슨 말을 할지 '준비서면'이라는 제목으로 글을 써내는 거예요. 판사가 미리 읽고 오기 때문에 법정에서 이야기하기도 편하지요. 거듭 강조하지만 어떤 일이 있었는지 사실을 정확하게 설명하는 데 집중하고, 화가 났다든지 하는 감정을 호소하는 일은 참으세요.

아, 그리고 부모님과 함께 가더라도 직접 겪은 학생이 말하는 것이 원칙이고, 부모님은 옆에서 말을 편하게 할 수 있게 돕는 역할이라는 것도 기억해 두시고요.

피해학생은 진술이 끝나면 심의 결과를 기다릴 필요 없이 집으로 가면 됩니다. 이어 가해학생의 진술을 듣거든요. 양쪽 모두 집에 돌려보내고 나서 위원끼리 심의하는 겁니다.

집에 가서 어떤 벌을 받을지 조마조마해하며 기다리라는 거네요. 상상만 해도 너무 싫겠어요.

학생들의 미래를 위한 조치들

처벌에 무게를 두는 게 아니에요. 가해학생, 피해학생 양쪽이 다시 학교로 돌아올 수 있도록 하는 장치인 겁니다. 징계에는 가장 약한 '서면 사과'부터 가장 무거운 '퇴학 처분'까지 아홉 단계가 있어요. 간단하게나마 하나씩 살펴보기로 해요.

서면 사과(1호), 피해학생 및 신고 학생에 대한 접촉, 보복행위 금지(2호), 교내 봉사(3호)를 가벼운 조치로 두고 있어요. 봉사도 화단 정리처럼 간단한 걸로 20시간 남짓이지요. 여기까지는 조치대로 이행만 하면 생활기록부에 기록하지도 않아요. 대신 다시 가해 학생으로 심의를 받게 되면 이전 것까지 소급해 기재합니다. 1월에 가벼운 문제를 일으켜 적지 않았더라도, 10월에 다시 학폭위를 열게 하면 1월 것까지 거슬러서 둘 다 기록으로 남긴다는 겁니다. 한 번만 봐주는 셈이지요.

환경 미화처럼 학교 밖의 공공기관에서 봉사해야 하는 사회봉사 (4호)부터 생활기록부에 징계 사실을 적기도 합니다. 특별교육(5호) 은 학교폭력 재발을 막기 위해 다른 징계와 함께 내려지기도 하고요. 무엇보다 부모님도 함께 받아야 합니다. 출석 정지(6호)는 10일가량 가해 학생을 격리시키면서 반성하도록 하는 건데요. 그동안 결석으로 처리합니다. 이 때문에 출석 일수 부족으로 유급을 당할 수도 있겠지요. 그다음부터는 피해학생의 보호에 더 중점을 둔 것들인데요. 학급 교체(7호), 강제 전학(8호), 퇴학(9호)입니다. 가해학생을 떨어뜨려 놓는 것이지요. 새로 옮긴 반, 학교의 선생님, 학생들의 시선이 부담스러울 수밖에 없을 겁니다. 피해학생과 일정 거리 이상 떨어진 학교로 전학을 가야 하니까 원하지 않는, 먼 곳으로 학교를 다니는 일도 어려울 것이고요. 다만 중학교까지는 의무교육이라고 했잖아요. 9호 조치인 퇴학은 고등학생만 대상으로 합니다.

생활기록부에 징계 사실을 적도록 하는 일을 두고 논란이 많습니다. 그 취지는 학교, 선생님이 바뀌더라도 주의 깊게 살펴보면서 잘못을 반복하지 않도록 지켜보겠다는 것인데요. 졸업한 이후 혹은 졸업하고 2년이 지나서야 지워 주거든요. 그러다 보면 대학 입시에서 불이익을 입을 수도 있는 등 지나치다는 의견이 있습니다. 청소년기의 실수로 자칫 문제 학생으로 낙인이 찍힐 수 있다는 거지요. 반면에 피해학생이 겪는 어려움에 비교하면 그 정도는 감수하는 것이 당연하다는 목소리도 있고요. 여러분은 어떻게 생각하세요?

잘못한 정도에 따라 징계를 받아야 마땅하겠지만 그래도 마음이 무거워지네요. 처벌보다는 예방과 대책을 강조한다고 했잖아요. 게다가 생활기록부에 적히는 일은 생각만 해도 아찔해요.

그런 생각이 들 수 있지요. 하지만 피해학생을 생각해서라도 적절한 조치는 꼭 필요해요. 유명 연예인들이 학교폭력 가해자였던 사실이 드러나면서 사회적으로 문제가 됐던 일이 있습니다. 문제가 발생했을 때 필요한 징계를 하지 않고 넘어가는 바람에 피해학생은 평생 상처를 안고 살았고, 연예인들은 그때 치러야 했을 대가보다 더욱 크나큰 사회적 비난을 받았지요. 잘못에는 책임이 따르는 법입니다. 피하려다 자칫 무게만 늘어납니다.

대신 공정한 심의가 이뤄져야 할 텐데요. 학폭위 위원들은 막연한 느낌만으로 징계를 정하지 않습니다. 교육부에서 학교폭력의 심각성, 고의성, 반성 정도와 같은 항목을 만들어 놓았고요. 항목마다 5단계로 점수를 매기도록 한 다음 그걸 모두 합산한 점수에 따라 1~9호 중 하나가 정해지는 거랍니다.

법원에도 비슷한 방식이 있는데요. 형법에는 사기죄를 저지르면 10년 이하 징역에 처한다고 돼 있어요. 같은 사기죄라도 피해 액수를 비롯해 여러 가지 차이가 있으니까 10년 이하라고 넓게 여지를 둔 겁니다. 그렇다 보니 비슷한 사건을 판사에 따라 누구는 10년, 누구는 1년 이런 식으로 제각각인 판단을 내릴 수 있잖아요. 어느 정도 통일하기 위해 대법원에서 범죄별로 항목에 따른 일종의 채점표를 만들어서 점수에 따라 처벌하도록 했습니다. 그런 걸 양형 기준이라고 합니다.

엄격하게 평가할 수 있는 제도를 만들었다는 것은 알겠어요. 하지만 여전히 잘못 판단할 수 있잖아요. 억울해서 도저히 못 받아들이겠으면 어떻게 해요?

분쟁의 최종 해결 기구 법원

맞아요. 누구든지 실수할 수 있습니다. 학폭위가 일종의 재판이라고 했지만 최종 결정은 아니니까 걱정하지 마세요. 학폭위는 교육지원청에서 운영하는 것이고, 1~9호의 조치는 학폭위의 결정에 따라 교육장이 내리는 것이거든요. 받아들일 수 없으면 교육장을 상대로 "이의 있습니다" 하고 손을 들어야지요. 가해학생이라면 징계가 가혹하다고, 반대로 피해학생은 보호처분이 부족하다고 말입니다.

서로 다른 양쪽이 법적인 문제를 다투는 원칙적인 방법은 소송입니다. 무언가 바라는 쪽을 원고라 하고, 그 상대방을 피고라 합니다. 국가기관의 일 처리와 관련된 문제일 때는 행정소송, 그렇지 않은 일반 국민끼리의 다툼일 때는 민사소송이라고 하는데요. 형벌을 정하는 형사소송에서는 검사가 원고인 셈이고, 상대방을 그냥 피고가 아니라 '피고인'이라고 부릅니다. 한자로 '사람인'을 덧붙여 재판 과정에서 인권 보호를 잊지 않도록 한 겁니다. 학교폭력과 관련해서는 국가기관인 교육지원청의 처분을 다투는 것이니까, 교육장을 피고로 삼아 행정소송을 제기하는 겁니다. 알겠지요?

네? 알기는 뭘 알아요. 저 그냥 고개만 끄덕인 거예요. 어디 가서 뭘 어떻게 하라는 건지 아무 생각도 안 들어요.

그냥 웃어 보자고 한 이야기예요. 말이 쉽지 어떻게 하라는 건지 막막하지요? 대부분의 어른도 그렇답니다. 일단 요즘은 대부분 전자소송으로 진행하기 때문에 법원에 가지 않고도 소송을 할 수 있습니다(ecfs.scourt.go.kr). 뭘 적어야 하는지 자세하게 만들어 놓은 서식도 내려받을 수 있고요. 인터넷을 검색하면 샘플 문서도 참 많습니다. 하지만 여전히 막막할 거예요. 쓰여 있는 말이 일상생활에서 보던 것들이 아니거든요. 간단한 문제가 아닌 한 전문가의 도움을 받는 것이 좋은데요. 그렇더라도 어떻게 이뤄지는지 어느 정도는 알고 있어야 도움도 제대로 받을 수 있을 겁니다.

뭔가를 바라는 쪽이 원고라고 했잖아요. 원고가 자신의 주장을 구체적으로 정리해 법원에 제출하는 서류가 소장입니다. 크게 세 부분으로 나눌 수 있는데요. 먼저 뭘 원하는지 적습니다. 이를테면 학교폭력으로 받은 징계조치 7호를 취소해 달라는 겁니다. 이걸 청구 취지라고 하는데요. 쉽게 말해 판사에게 요구하는 결론을 먼저 쓰는 겁니다. 다음에는 자연스럽게 왜 그런 요구를 하는지 이유를 적어야겠지요? 청구 이유라고 해요. A라는 학생에게 폭력을 휘둘렀다는 이유로 징계를 받았는데 사실과 다르다, 그냥 화장실에 가던 길이었는데 B가 A를 강하게 미는 바람에 부딪혔던 것뿐이다, 이런 식의 주장들이 있겠지요. 다음은요? 법정에서 말로만 목소리를 높이는 건 아무 의미가 없습니다. 당시 상황이 찍힌 동영상 파일, 함께 있었던 친구들의 진술 같은 증거들이 뒷받침을 해 줘야 합

학교의 특성상 다양한 형태의 폭력이 일어날 수 있다.

니다. 이런 구조는 모든 소송이 마찬가지입니다. 어쩌면 여러분이 앞으로 사회생활을 할 때도 유용할 거예요. 원하는 바를 명확하게 하고, 뭔가를 주장하려면 꼭 근거로 뒷받침하라는 겁니다.

알겠어요. 그렇게 소장을 받아 든 판사가 읽어 본 다음 궁금한 게 있으면 법원으로 부르는 거군요?

아직은 아니에요. 필요한 형식과 내용을 갖췄는지 최소한의 검토를 한 다음 상대방인 피고에게 보냅니다. 원고가 이렇게 주장하는데 어떻게 된 일인지 답변서를 내라고 하는 거지요. 피고 역시 같은 구조로 답을 합니다. 원고 주장이 맞는다면 그냥 맞는다고만 하면 되겠지요. 아니면 아니라고 하면서, 왜 그렇게 주장하는지 역시 근거를 들어 설명합니다. 판사는 원고의 소장과 피고의 답변서를 비교해 보고, 서로 생각이 어긋난 부분들을 찾습니다. 그다음 법원으로 불러 직접 양쪽 이야기를 들을 준비를 하는 겁니다. 재판이 열리고 주장과 반박, 재반박이 몇 차례에 걸쳐 이어지면서 할 수 있는 이야기들이 다 나왔다고 보일 때 판사는 재판을 끝냅니다. 수개월 혹은 수년이 걸리기도 합니다. 그동안 나왔던 양쪽의 주장과 증거들을 검토해 누구 말이 맞는지 판결로 손을 들어 주는 거지요. 모든 재판의 흐름이 그렇습니다. 이제 대부분의 어른보다 소송에 관해 더 많이 알게 된 거예요.

정말이지요? 왠지 뿌듯한데요. 그런데 갑자기 이런 생각이 드네요. 그렇게 간단한 일이면 변호사님은 왜 있어야 하는 거예요?

아이쿠. 지금 이야기한 건 아주아주 큰 틀이고요. 실제 재판에 들어가면 따져야 할 일들이 참 많답니다. 너무 복잡해서 다들 나무만 보고 숲을 못 보는 거지요. 그러니까 제 할 일까지 걱정하지는 마시고요. 아시다시피 우리나라 법원은 3심제를 택하고 있어요. 올바른 판단을 받을 충분한 기회를 주고 있는 겁니다. 아, 그리고 교육지원청 같은 행정기관에 대한 이의 제기는 법원에 소송하기 전에 행정심판이라는 별도의 절차도 마련돼 있어요. 큰 흐름은 소송과 같고요. 오늘은 여기까지 할까요?

학폭위가 어떤 식으로 운영되는지 살펴봤습니다. 일단 학교 전담 기구의 조사 결과가 교육지원청으로 보고되면 피해학생, 가해학생이 위원회에 출석해서 진술하게 되지요. 위원들은 교육부가 마련한 지침에 따라 심의를 하고, 가해학생에게 1호부터 9호까지의 징계 조치를 결정하는데요. 변호사님이 구체적인 언급은 하지 않았지만 피해학생을 보호하기 위한 조치들도 별도로 마련돼 있답니다. 예를 들어 몸과 마음을 치료하기 위해 부득이 학교에 올 수 없었더라도 출석으로 인정해 주는 것이지요.

학폭위의 결정에 따라 교육장이 징계를 내리는데요. 그걸 받아들일 수 없다면 다시 다룰 수 있는 방법이 있습니다. 교육부 내부의 절차로 행정심판이 있고요. 아예 제3의 기관인 법원으로 가서 행정소송을 할 수도 있습니다. 오늘 변호사님은 각종 소송이 진행되는 기본적인 구조에 관한 설명을 할 때 유난히 목소리에 힘을 주더군요. 중요하다는 뜻이겠지요? 아니면 자기가 잘 아는 분야라서 그랬을까요?

②

가정에서 만나는
법 이야기

호적에서
지워 버린다는데요?

변호사님! 오늘부터 가족에 관한 이야기를 하자고 그랬잖아요. 질문부터 드릴게요. 어렸을 때 제가 무슨 사고를 치면 아버지가 "저 녀석을 진작 호적에서 지워야 했는데!"라고 하셨거든요. 반쯤은 화를 내고, 반쯤은 웃으면서요. 그게 무슨 말이에요? 족보 같은 데서 뺀다는 뜻인가요? 그럼 아버지 자식이 아닌 거예요?

가장 작은 사회, 가정을 위한 법

하하하, 어렸을 때 장난이 아주 심했나 봐요? 아버지 말씀에서 여러 가지를 생각해 볼 수 있어요. 호적이란 게 뭔지, 법은 가족이라는 울타리를 어디까지로 보는지, 부모와 자식은 어떤 관계인지…… 참 쉽지 않은 이야기들이긴 해요. 법이란 같은 사회를 이루는 사람들끼리 부딪히지 않고 살기 위한 약속들이라고 했잖아요. 그런데 단위가 작아서 그렇지 가족 역시 하나의 사회입니다. 가족마다 일종의 '법'이 있을 거예요. 식구들끼리 화장실을 쓰는 순서라든가, 마지막으로 거실 불을 끄는 시간처럼 사소해 보이는 것들이라도요. 이게 잘 작동하면 상관없는데 그렇지 않을 수 있지요. 결혼을 계기로 다른 두 가족이 겹쳐지면 어느 쪽 '법'을 따라야 할지 다툴 수도 있고요. 가족에 관한 일도 갈등을 해결할 수 없으면 결국 법원이 판단을 해 줘야 합니다. '평균적인 가족'을 기준으로 법을 만드는데요. 가정마다 다른 속사정을 가능한 한 인정하면서 동시

가족 관련 법률은 '평균적인 가족'을 중심으로 만든다.

에 사회 전체가 따를 수 있도록 하는 일이라 다른 법률보다 어려운 점이 있습니다. 시대의 흐름에 따라 달라지는 세상을 반영하면서도 너무 급하게 바뀌어서 뒤처지는 가족이 없어야 하니까요. 모든 분야에 있어서 법이 조금 천천히 보수적으로 움직이는 이유인데요. 특히 가족에 관한 법률은 그런 특징이 더욱 두드러진답니다.

저는 가족에 관해 법을 만들어 놓고 있다는 사실 자체가 어색해요. 사랑하는 사람들이 함께 살고 있으면 가족 아닌가요? 갈등이나 따져야 할 일들이 그렇게 많은 거예요?

그것도 맞는 말이에요. 하지만 법적으로 가족의 범위를 정의할 필요가 있거든요. 국가, 사회란 사람들이 모여 만들어진 것이잖아요. 뿔뿔이 흩어진 개인이 아닌 최소 단위의 모임은 가족에서 시작하지요. 한 지붕 아래 의식주를 함께하는 공동체이니까요. 그 안에서 여러분처럼 새로운 구성원이 만들어지기도 하고, 다른 가족으로 떨어져 나가기도 합니다. 개인이 아닌 가족과 가족 사이의 관계로 일어나는 일도 많습니다. 각종 지원을 하거나 세금처럼 부담을 지우는 나라 살림을 꾸릴 때도 한집, 한 가족이 단위가 되곤 합니다. 그렇다 보니 누구까지를 가족으로 할 것인지 정해야 할 필요가 있지요. 그 사람들끼리 어떤 권리와 의무를 가지는지에 대해서도요.

사람들 사이의 권리와 의무, 생활 관계를 정리해 놓은 것이 민법인데요. 크게 재산에 관한 것과 가족에 관한 것으로 나뉩니다. 민법에 따를 때는 가족을 일차적으로 배우자와 직계 혈족, 형제자매까지로 합니다. 직계혈족이란 부모, 자식처럼 직접 위, 아래 사이를 가리킵니다. 거기에 더해 일차적인 가족의 배우자들도 함께 살면 가족으로 봅니다. 그러니까 자녀가 결혼해도 부모와 함께 살고 있다면 그 자녀의 배우자까지 가족인 거죠. 흔히 사위, 며느리라고 불리는 사람들은 함께 살 때만 법적으로 가족에 들어가는 겁니다. 물론 가족보다 넓은 '친족'의 범위에는 들어가요. 친족은 아버지 쪽으로는 8촌까지, 어머니 쪽으로는 4촌까지인데요. 막연히 알고 있는 것과 벌써 살짝 다르죠? 조금 복잡해지나요?

많이요. 벌써 머리가 어지러운데요. 어른들이 친지들을 어떻게 불러야 하는지 몇 번이고 설명해도 모르겠더라고요. 법도 그런 걸 따지고 있는 거예요?

가족이 만들어지는 다양한 과정

그렇지 않아요. 많은 사람이 한집에 혹은 가까운 이웃에 모여 살던 옛날에는 서로의 위치를 알기 위해서라도 호칭이 복잡했죠. 지금은 그런 시대가 아니잖아요. 이해하기 어려운 이유는 생활하면서 쓸 일이 없어서인 겁니다. 법으로 군이 정해 놓을 필요가 없지요. 그런 점에서 아버지 말씀도 지금 법에는 맞지 않아요. 호적이란 남성을 중심으로 가족관계를 기록했던 장부인데요. 가족 중 가장 나이가 많은 남성을 호주라면서 그 집의 주인처럼 여겼던 과거의 일입니다. 태어나고, 결혼하고, 사망해서 세상을 떠나는 모든 변화를 호주를 중심으로 기록했던 거예요. 아버지에서 아들로 호주 자리를 물려받으며 재산도 훨씬 많이 상속받았죠. 남녀평등에 어긋났지요. 심지어 호주는 호적에 누구를 올릴지 정할 수 있었거든요. 물론 아주아주 옛날 일이에요. 2008년부터는 아예 호주제가 폐지되면서 호적이 없어졌어요. 대신 '나'를 중심으로 부모, 형제, 자녀를 적는 가족관계등록부가 만들어졌고요. 법은 그렇게 바뀌었지만 생각보다 사람들의 머릿속에는 옛날 일이 오래 남는답니다. 농담이셨겠지만 아버지가 호적에서 지우겠다고 말씀하신 걸 보면 알 수 있지요.

  쳇, 그런 줄도 모르고 어렸을 때 괜히 겁먹었네요. 그럼 법적으로는 아버지가 절 쫓아낼 방법이 없는 거죠?

아마도요, 하하. 눈까지 동그랗게 뜨면서 놀랄 필요까지는 없어요. '아마'라고 가능성을 열어 둔 이유는 어떻게 아버지가 된 건지 몰라서 그런 겁니다. 부모, 자식 사이가 만들어지는 가장 흔한 경우는 혼인한 남녀와 그 사이에서 태어난 자녀일 때겠지요. 하지만 꼭 그뿐만은 아니잖아요. 각자 다른 결혼으로 자녀를 가졌던 남녀가 결합할 수 있습니다. 생물학적으로는 아이가 생기지 않아 입양으로 인연을 맺기도 하지요. 법적인 혼인 관계는 아니지만 성별이 같은 사람끼리 함께 살며 아이를 원할 때도 입양을 해야 하지요. 어느 여성 방송인은 결혼하지 않고 기증받은 정자로 아이를 출산해 화제가 되기도 했습니다.

여러 가지 상황을 생각해 볼 수 있겠지만 일단 생물학적인 부모

가족이 형성되는 데는 여러 방식이 있다.

와 자식 관계를 끊지는 못합니다. 하늘이 맺어준 인연이라 법도 끼어들지 않는 겁니다. 부모님이 헤어질 수는 있지요. 그렇다 하더라도 자식에게는 여전히 엄마, 아빠로 남는 겁니다. 이럴 수는 있지요. 자식인 줄로만 알고 살았는데 아니었던 겁니다. 그럴 때는 소송을 통해 관계를 정리할 수 있습니다. 반대로 자신이 누군가의 아버지라는 사실을 모르고 있을 수도 있지요. 나중에 알게 된 후 자식으로 공식적인 관계를 만들 수도 있습니다. 법에는 관련한 여러 가지 소송 절차를 두고 있지만 지금은 사실상 유전자 검사가 모든 걸 좌우하지요.

입양은 유전자가 아니라 사람이 만든 끈으로 서로를 묶는 일이지요. 두 가지 종류가 있는데요. 일반적인 입양과 친양자 입양이 있어요. 가장 결정적인 차이가 친양자 입양일 때는 친부모와의 관계가 끊어지고 새로운 부모를 법적인 친부모로 삼는 겁니다. 친양자 입양을 해도 부모, 자식 사이를 끝내는 파양이 가능하기는 한데요. 입양한 아이를 학대하거나 반대로 양부모에게 패륜 행위를 저지르는 것처럼 극단적인 사정이 있을 때만, 법원의 허락을 받아서 할 수 있습니다. 부부가 입양했는데 나중에 두 사람이 이혼하게 됐다고 하더라도, 입양한 아이와의 부모, 자식 관계는 이어집니다. 생물학적인 부모와 마찬가지로 여기는 거지요. 일반 입양의 경우에는 양쪽이 협의로 끝내는 것을 비롯한 여러 가지 사정으로 파양할 수 있고요.

이전엔 생각해 본 적도 없는데, 가족의 형태가 많이 다양할 수 있겠네요. 근데 여전히 이렇게 따져야 할 필요성을 잘 모르겠어요.

가족에 대한 법의 특별한 대우

법이 무엇인지에 관해 이렇게 말할 수도 있을 거예요. 모호한 경우 정확하게 어디까지인지 선을 긋는 일이라고요. 가족을 남과 다르게 대우하는 가장 단적인 사례가 아마 형법의 '친족상도례' 아닐까 싶어요. 괜스레 어렵게 들리는 말일 수 있는데요. 중요한 건 내용이니까요. 혹시 지금보다 어렸을 때 엄마, 아빠 지갑에 손댄 적 있어요? 자백하자면 전 장난감 사려고 부모님 돈을 훔친 적이 있거든요. 절도죄로 처벌해야 할까요?

이런 경우도 생각해 보세요. 오랫동안 연락이 닿지 않던 자식이 갑자기 한밤중에 찾아왔어요. 알고 보니 집을 나가 떠돌다 죄를 짓고 경찰에 쫓기고 있었던 겁니다. 부모님은 신고해야 할까요? 범죄자를 숨겨 주면 범인 은닉죄에 해당하거든요. 더 나아가서 범죄를 저지르는 현장을 목격했다면 법정에 출두해 증인으로 사실을 이야기해야 할까요? 어때요?

모두 법이 특별히 예외를 인정하는 사례들이랍니다. 가족과 일정한 범위의 친족 사이 재산 범죄에 대해서는 법이 끼어들지 않기로 했습니다. 아예 형벌을 면제해 주거나, 고소가 있어야 재판에 넘길 수 있습니다. 절도, 사기, 횡령 같은 재산 범죄들이 그런 겁니다. 이야기해도 되는지 살짝 고민되네요. 형사처벌만 면하지 부모님으로부터 받게 될 처벌까지 피할 수는 없으니까 절대 나쁜 마음 먹지 마세요, 하하. 한 가지 꼭 잊지 말아야 할 게 있는데요. 부모님 지갑 속 현금이나 물건까지는 용서해 주지만, 카드나 통장을 쓰게 되면 형사처벌 대상이 됩니다. 중간에 은행 같은 제삼자가 끼어 있으니까요. 재산 문제는 이렇게 용서를 해 주지만 거꾸로 강하게 처벌하는 특례도 있습니다. 부모, 조부모에게 폭력을 행사하거나 해치면 그렇습니다.

다른 사례들도 마저 볼게요. 가족, 친족을 숨겨 준다고 처벌하면 너무 가혹하겠지요. 법정에서 증언하도록 하는 것도 마찬가지고요. 법에도 눈물은 있답니다. 처벌하지 않도록 하고 있고요. 법정에서의 증언도 거부할 수 있는 권리를 주고 있습니다. 비슷한 예로 형사소송에도 특별한 원칙이 있는데요. 자식은 부모를 고소할 수 없습니다(나중에 다루겠지만 성범죄에는 예외가 있습니다). 배우자의 부모를 포함해서요. 인륜에 어긋나는 거라고 본 겁니다. 참고로 고소란 범죄의 피해자라면서 누군가를 처벌해 달라고 수사기관에 요청하는 겁니다. 고발은 제삼자가 누군가의 범죄를 신고하는 것이고요. 쉽게 말해 내가 맞았으면 고소, 누군가 맞는 걸 보고 경찰에 알리면 고발입니다.

뭔가 확실히 와닿는데요. 진작 이거부터 가르쳐 주시지. 흠, 걱정하지 마세요. 집에서 도둑질하지는 않을 테니까요. 아빠가 용돈을 충분히 주셨으면, 하는 말이죠. 장난이에요 변호사님, 놀라지 마세요, 하하하.

깜짝 놀랐잖아요. 용돈 이야기를 꺼냈으니 말인데요. 여러분에게 어느 정도로 용돈을 줘야 하는 걸까요? 꼭 얼마라고 정한 건 아니지만 법에 기준이 있답니다. 오호, 눈을 반짝이네요! 부모님이 여러분에게 용돈을 주는 건 법적으로 부양의무를 지키는 일이라고 할 수 있어요. 민법은 직계혈족과 그 배우자들 사이, 그리고 함께 사는 친족끼리는 부양의무가 있다고 합니다(제974조). 어느 한쪽의 일방적인 의무가 아니라 서로서로 지키는 건데요. 경제적인 능력이 있는 사람이, 없는 가족을 돌봐 줘야 한다는 겁니다(975조). 그러니까 부모님이 청소년인 여러분을 부양하는 것이고요. 나중에 직업을 가지고 돈을 벌면 거꾸로 부모님을 돌봐야 할 수 있지요. 그냥 막연하게 효도하라는 게 아니라 법적 의무예요. 지키지 않으면? 법원에 소송을 걸어 강제로 받아낼 수 있다는 뜻이지요.

법원은 해석을 통해 부양의 정도를 나누고 있기도 한데요. 부부 서로에게, 그리고 미성년인 자녀에게 제1차 부양의무를 진다고 합니다. 부양하는 사람과 받는 사람이 같은 수준의 생활을 해야 한다는 겁니다. 흔히 가족을 '식구'라고도 하잖아요. 함께 음식을 먹는 사람들이란 뜻이에요. 아빠는 고기 먹으면서 다른 가족은 나물만 먹게 하지 말란 겁니다. 그 밖의 관계, 이를테면 성년에 이른 자녀에게는 제2차 부양의무를 지는데요. 그때부터는 우선 자기 삶부터 충분히 즐기면서, 여유가 있을 때 돕는 정도예요. 아빠, 엄마만 고기를 드셔도 할 말 없어지는 겁니다. 어, 표정이 왜 그래요? 너무 적나라한 예를 들었나요, 하하. 부모 자식의 특별한 관계에 대해서는 다음 시간에 좀 더 알아보기로 해요.

가족에 관한 법률로 옮겨 왔습니다. 집안 문제에 관해 법으로 정한다는 일이 낯설었을 겁니다. 그래서인지 변호사님도 법적인 의미의 가족, 친족의 범위와 법이 필요한 이유에 관해 설명하는 데 꽤 공을 들이더라고요. 남성 중심의 가족에서 남녀가 평등한 다양한 형태의 가족들로 바뀐 현재에 대해서요. 그걸 뒷받침하는 법과 제도의 변화를 소개했고요.

지금 여러분은 부모와 자식 사이 관계를 어떻게 설정하고 있는지 가장 관심이 많을 텐데요. 인공지능인 저로서는 좀처럼 이해하기 어려운 분야이지요. 생물학적인 혈연으로 혹은 입양을 통해 깊은 관계를 맺는다는 것이요. 친족상도례처럼 특별한 예외까지 두어 가면서 보호하는 관계랍니다. 제발 부모님 지갑에 손을 대는 엉뚱한 지식으로 쓰지 않기를 바랍니다. 가뜩이나 부모님은 여러분을 부양해야 하는 의무까지 지고 있잖아요. 그런 관계를 통해 인간들은 세대를 이어가고, 사회와 국가를 유지하는 겁니다. 저로서는 역시 잘 이해가 가지 않지만, 그렇게 세대를 이어가며 발전해 온 덕분에 제가 만들어지기도 했겠지요.

102

엄마가 내 인생에
간섭할 권리가 있다?

"엄마가 뭔데 이래라저래라 그러는 거야?"

"관심 있는 척하지 말고 내버려 둬! 아빠가 나에 대해 아는 게 뭐 있다고."

혹시 이런 식으로 부모님에게 대들어 본 적 있나요? 아, 없어요? 그래요 그럼 저만 '나쁜 사람' 할게요……. 다른 거로 물어보면 되죠. 어렸을 때 할아버지, 할머니 같은 어른들로부터 세뱃돈이라도 받으면, 어머니가 "잘 가지고 있어 줄게!"라고 하면서 가져가시곤 했죠? 그 돈 어디 있는지 알아요? 나중에 돌려주시던가요?

아니, 그거야…… 저를 위해 알아서 쓰셨겠지요. 한 번도 생각해 본 적 없는데 갑자기 궁금하긴 하네요. 갑자기 이런 걸 왜 물어보는 거예요? 집에 가서 따지라는 건 아닐 텐데요.

부모가 자녀에 대해 가지는 권리

지난 시간에 이어 부모님과 여러분의 관계에 대해 더 이야기해 보려고요. 부모님은 여러분에게 간섭할 수도 있고, 여러분 돈도 대신 맡아 둘 수 있거든요. 그게 법적인 권리랍니다. 이런 걸 알려 드려도 사춘기에 감정이 북받쳐서 하는 말까지 자제하기는 어렵겠지만, 그래도 사실이랍니다.

잠깐만요. 세상에 그런 법이 어디 있어요? 지난 시간에 분명히 부모는 같은 수준의 생활을 자식도 유지할 수 있도록 돌봐야 한다는 부양의무가 있다고 했잖아요.

맞아요. 그런데 의무만 있는 게 아니라 여러분에 대한 권리도 있답니다. 의무를 다하는 데 필요한 것도 있고요. '친권'이라는 말을 들어 보기는 했죠? 과연 어떤 내용인지 알아봅시다. 여러분의 저항이 거셀 수 있어서 일단 민법 조항 일부를 발췌해 가능한 한 그대로 옮겨 볼게요. 부모는 원칙적으로 미성년자인 자의 친권자가 됩니다(제909조 제1항 전문). 친권자는 자녀를 보호하고 교양할 권리 의무가 있는데요(제913조). 이를 위해 자녀가 어디서 지내야 하는지 장소를 지정할 수도 있습니다(제914조). 아빠 혹은 엄마가 친권을 행사한다는 것은 미성년인 자녀의 법정 대리인으로서입니다(제911조). 자녀가 취득한 재산을 친권자가 관리할 수 있다는 것이지요(제916조). 자녀의 재산을 사고파는 등 법률행위 역시 대신할 수 있고요(제920조). 그러니까 전학을 가거나 유학을 가려 할 때, 그 밖에도 미성년자 혼자서는 할 수 없는 일들에 대한 동의를 해 주고, 수술할 때도 보호자의 역할을 맡을 수 있는 거예요. 이런 친권은 부모님이 부부로 지내는 동안은 공동으로 행사하는데요(제909조

미성년자는 전학이나 유학 시에 친권자의 동의를 받아야 한다.

제2항 본문), 두 분의 의견이 일치하지 않는 경우 가정법원이 정해 줄 수도 있습니다(같은 조 2항 단서). 여러 가지 사정으로 부모님 중 한 분이 친권을 행사할 수 없으면 다른 한 분이 행사할 수 있고요(같은 조 제3항).

심지어 과거에는 부모님에게 법으로 징계권을 부여하기도 했어요. 보호하고 교양하는 데 필요한 징계를 할 수 있다고 말입니다. 놀라지 마세요. 자녀를 소년원 같은 교정 기관에 위탁할 수도 있다고 했어요(제915조, 현재는 삭제). 필요하다, 아니다 논란이 있었지만 징계권에 관한 조항들은 아동학대를 정당화하는 거로 오해할 수 있다는 이유에서 2021년 1월부터는 법전에서 지웠답니다. 다행이죠? 하하. 중요한 일부만 소개한 건데, 표정이 왜 그래요?

왜 그러는지 몰라서 물으시는 거 아니죠? 너무 당황스러워서 뭐라 말해야 할지 모르겠어요. 일단 어디 가서 부모님에게 이런 이야기 하지 말아 주실래요?

자녀에 대한 부모의 책임

하하하, 이게 그렇게 놀랄 내용이에요? 그렇지 않답니다. 법률

조항은 함축적인 의미를 가진 단어로 쓰기 때문에 찬찬히 뜯어봐야 하는데요. 저 중에 가장 중요한 제913조를 다시 한번 보세요. 자녀를 보호, 교양할 '권리 의무'가 있다고 하지요? 두 개의 상반된 단어를 하나로 묶었습니다. 이중적인 성격이기 때문이에요. 다른 사람들이 아니라 친권자인 부모에게 우선적으로 자녀에 관한 일을 정할 권리가 있다는 것이고요. 자녀에 대한 관계에 있어서는 오히려 의무에 무게가 쏠리지요. 육체와 정신이 어른으로 성장할 때까지 지켜 줘야 합니다. 아이가 차도로 뛰어들지 못하게 막아야 하는 일이 부모님에게는 도덕을 넘어선 법적인 의무입니다. 그 의무를 다하지 않고 나 몰라라 하는 바람에 다치기라도 하면 유기죄로 처벌을 받을 수도 있습니다(형법 제271조). 여러분도 아이 때는 돌봄을 당연하게 받아들였지만 어느 때부터인지 간섭으로 느끼는 것이지요. 그래도 여전히 부모님에게는 지켜야 할 법인 겁니다. 그뿐만이 아니에요. 다른 사람에 대한 관계에서 문제가 발생하면 역시 부모님이 책임을 져야 합니다. 예를 들어 미성년인 자녀가 남에게 손해를 끼치면 부모에게 배상하도록 하고 있습니다(민법 제755조, 제750조).

어때요? 이 정도 법적인 책임을 져야 한다는 걸 부모님도 알고 계셔야 하지 않겠어요? 권리라고 해서 억지로 여러분에게 으름장을 놓을 수 있다는 뜻이 전혀 아니에요. 이런 내용을 서로 알고 이해하고 있어야 하겠지요. 가족에 관한 법률이 있다는 사실 그리고 그 핵심적인 내용을 알면 가족 구성원 서로에 대한 마음이 더욱 각별해지지 않을까요?

늘 부모님께 투덜거리기만 하던 입장에서 할 말은 아니지만, 엄마, 아빠도 그냥 되는 건 아니네요. 좋아하는 사람 만나 함께 살면 자연스레 만들어지는 게 가족인 줄로만 여겼는데요.

그렇게만 여기는 사람이 많지요. 두 사람이 함께 살고, 서로 돕고 보살피면서, 다른 사람에게는 눈길을 돌리지 않기로, 법 앞에 약속하는 일이 결혼이에요(동거·부양·협력·정조 의무, 민법 제826조 제1항, 제840조). 그 사이에 자녀가 생기면 앞서 말한 친권이라는 권리 의무를 지켜야 하고요. 전 평소 부부로서 살아가려면 이런저런 법적인 내용을 알고 시작해야 한다고 주장하는데요. 어른으로서 준비하지 못한 채 나이만 성년에 이르러 혼인하고, 자녀를 가지는 바람에 여러 사람이 불행해지는 일을 막고 싶어서예요.

핏줄로 묶인 인연, 혹은 그에 못지않은 약속으로 부모, 자식 사이가 됐어도 책임을 다하지 못하는 경우가 있거든요. 법은 친권을 남용해 자녀의 복리를 심각하게 해치거나 그럴 우려가 있을 때 친권을 빼앗거나 정지시킬 수 있도록 합니다(민법 제924조). 학대라고 볼 수밖에 없는 가혹한 체벌을 하거나, 자녀 몫의 재산을 빼돌려 함부로 낭비한 경우, 혹은 도박 중독에 빠지거나, 심각한 범죄를 저질러 감옥에 가거나 하는 바람에 가정을 돌보지 못할 때 등등이 있겠지요. 나쁜 부모라고 비난받아 마땅하겠지만 그런 사람들에게도 나름의 사정이 있기도 합니다. 이유야 다양하지만 자신이 감당해야 할 일들을 전혀 모른 채 어느 날 갑자기 부모라는 무게를 졌을 때가 참 많습니다. 그럴 때는 그 자녀, 자녀의 친족, 검사, 지방자치단체장이 가정법원에 친권을 상실하게 해 달라고 재판을 청구할 수 있도록 했습니다. 자녀를 보호하기 위한 조치인데요. 부모이지만 부모가 아니라고 국가가 선고하는 불행한 일인 겁니다.

그러게요. 자녀가 부모를 상대로 소송을 제기하다니 상상이 가지 않아요. 그런 지경에 이르지 않았다는 게 새삼 부모님께 감사하는 마음까지 생기네요.

부부와 부모의 차이

맞아요. 부모님에게 돌봐 달라며 소송하는 일을 상상하기 어렵다면, 그것만으로도 부모님께 감사드려야 할 일일 겁니다. 잘 돌봐

주시고 있다는 뜻일 테니까요. 앞서 가족끼리는 서로 부양해야 할 의무가 있다고 했잖아요. 미성년인 자녀에게는 부모와 같은 수준의 생활을 보장해 줘야 한다고요. 그런데 현실에서는 법적으로 어른인 19세 이후에도 여전히 부모님에게 의지하는 경우가 많지요. 대학에 들어가거나 그렇지 않더라도 일자리를 찾기 전에는요. 부모님들은 부양의무가 있는지 따지지도 않고 도와주시지요. 그런 생각을 하면 굳이 법으로 정해야 하나 싶기도 한데요. 여전히 일정 부분 의무이기도 합니다. 만약 전혀 도움을 받지 못한다면 법원이 부양의 정도, 방법을 정할 수 있습니다(민법 제976조, 제977조). 판사에게 정해 달라고 소송을 할 수 있다는 건데요. 물론 요구할 수 있는 한계는 있습니다. 대학 등록금 같은 일반적인 수준을 넘어, 해외 유학 경비를 달라고 하는 정도라면 법원도 들어주지 않습니다.

사실 현실에서 소송이 일어나는 경우는 따로 있는데요. 부모님이 이혼했을 때가 그렇습니다. 자녀 입장에서는 생각하기 싫겠지만 여러 가지 사정으로 부부로 지내지 않기로 할 수 있는데요. 이유를 따지지 않고 두 사람이 헤어지는 거로 협의해서일 수도 있고요. 법이 정해 놓고 있는 여섯 가지 사정에 해당해서일 수도 있습니다. 이혼하면 부부로서의 동거·부양·협력·정조 의무는 더 이상 남지 않겠지요. 법적으로는 남남으로 돌아가는 겁니다. 하지만 여러분과 관계에서는 여전히 아버지이고, 어머니입니다. 자녀가 미성년자라면 양육 의무를, 성년자라도 어느 정도의 부양의무를 각자 여전히 부담하는 것이지요. 만약에 어느 한쪽이 지키지 않는다면 자녀가 가진 부양 청구권을 다른 한쪽이 대신 행사해 법원으로 가는 거지요. 그럴 때 법적으로는 자녀가 부모에게 소송을 거는 셈입니다.

에휴, 그런 것에 대해서도 알아야겠죠? 주변엔 한부모 가정도 많아요. 싫더라도 만약 현실로 일어나면 어떻게 해야 하는지도 알고 있어야 하겠죠?

맞아요. 혹시라도 실제로 닥치면 많이 힘들고 슬프겠지요. 현실

부부로서의 의무가 사라지는 이혼.

적으로 미래에 대한 불안감이 들기도 할 겁니다. 그럴 때 법에 관해서라도 알고 있으면 어떻게 해야 하는지 우왕좌왕하는 일을 조금이라도 줄일 수 있을 겁니다. 먼저 두 분 중 누구와 함께 살아야 할지부터 고민일 텐데요. 양육권에 관해 짚어 볼 필요가 있겠네요. 자녀의 신분이나 재산에 관한 사항을 정할 수 있는 권리를 친권이라고 했잖아요. 이와 다르게 자녀를 실제로 맡아 키울 수 있는 권리를 양육권이라고 합니다. 친권과 양육권은 부부가 공동으로 행사하는 것이 원칙인데요. 이혼할 때는 누구 책임으로 할 것인지 정해야 합니다. 친권과 양육권 모두 같은 사람에게 주어지는 것이 일반적이지만 다르게 할 수도 있습니다. 이를테면 아버지가 양육을 맡더라도 친권은 여전히 아버지, 어머니가 공동으로 행사하도록 하는 겁니다. 양육권을 가진 아버지 혹은 어머니와 살게 되는 거지요. 두 사람 협의에 의해 혹은 법원이 개입해 양육권자는 누구일지, 양육 비용은 각자 어떻게 부담할 것인지(양육권을 가지지 않더라도 여전히 양육 의무는 부담하거든요), 그리고 함께 살지 않는 쪽이 자녀를 만나는 일(법이 보장하는 면접교섭권입니다)에 관해 정해야 합니다. 무엇보다 중요하게 고려해야 하는 사정은 자녀의 복리입니다. 부모가 혼인 생활을 유지하고 있을 때와 가능한 비슷한 수준의 생활을 할 수 있도록 하는 것이지요. 자녀의 의사와 함께 나이, 부모의 경제력, 돌봐 줄 다른 식구들은 있는지와 같은 여러 가지 사정을 고려합니다(민법 제837조). 함께 살 때 부모님 중 누가 주로 양육을 책임지고 있었는지, 정서적인 유대관계는 누구와 더 밀접한지 꼼꼼하게 따지는데요. 그걸 파악하기 위해 가정법원에서 전문 위원과 상담을 진행하기도 합니다. 법을 따지는 법원이지만 '법대로' 하기 이전에 여러분의 마음을 더 살피는 것이지요. 그런 과정을 거치게 되면 적극적으로 여러분의 입장을 충분히 법원에 전하는 일이 필요하겠지요. 경우에 따라서는 꼭 부모 중 한쪽이 아니라 할아버지, 할머니처럼 다른 가까운 친지들이 양육권을 가질 수도 있는데요. 이 모두가 미성년인 자녀들이 부모의 이혼으로 입을 수 있는 상처를 최소한으로 줄이기 위한 노력입니다. 가정해서 이야기하는 것만으로도 살짝 가슴 한쪽이 아리네요, 그렇죠? 이런 일을 최대한 막기 위해서도 법을 아는 것이 도움이 된답니다.

인공지능 매킨지가 알려 주는
핵심 내용

가족에 관한 두 번째 이야기로 부모 자식 관계에 대해 깊이 다뤘는데요. 독립한 어른으로 자라기까지 부모는 자녀를 보호하고 양육하기 위한 친권을 가지고 있습니다. 권리보다는 의무와 그에 따른 책임을 강조하고 있지요.

혼인을 하면서 부모라는 지위도 갖게 되는 건데요. 부부 사이, 부모와 자식이라는 관계가 법적으로 어떤 것인지 모르는 경우가 뜻밖에 많지요. 그렇다 보면 자칫 친권을 빼앗기는 경우도 있다고 했는데요. 그 상대방인 여러분이 겪어야 할 아픔이 더 크겠지요. 사람들 사이 갈등을 해결하는 일이 법원의 몫이다 보니 가족도 판사 앞에 서는 일이 있지요. 부양의무를 지켜 달라고 자녀가 부모를 상대로 소송을 걸다니, 태어날 때부터 혼자인 저로서는 참 이해하기 어렵네요. 여러분으로서는 어쩔 수 없는 부모님의 문제로 겪는 아픔도 있을 수 있는데요. 서로 지켜야 할 일들을 지키면 그런 아픔이 줄어들겠지요. 그러자고 변호사님도 이런저런 이야기를 감추지 않고 하신 듯싶어요.

아빠가
엄마를 때려요!

"누군가의 집은 그 사람의 성(城)이다."

혹시 이런 말 들어 본 적 있어요? 서양 속담인데요. 중세 유럽에서는 성주가 어느 정도 중앙정부와 독립해 영지를 다스릴 수 있는 권력을 가지고 있었어요. 그러니까 집안일에 관해서는 다른 사람은 물론 국가라도 함부로 간섭하지 말라는 뜻의 속담입니다. 참 전별걸 다 알고 있다니까요, 하하. 으흠, 농담이고요. 지금 우리가 쓰고 있는 법체계는 독일을 중심으로 한 유럽 대륙에서 만들어진 것인데요. 그렇다 보니 그들의 사고방식이 법에도 반영돼 있지요. 대표적으로 남의 집에 함부로 들어가면 나쁜 짓을 하지 않더라도 그 자체로 주거침입죄라는 것입니다. 앞서 배웠던 '친족상도례' 역시 어느 정도 그런 원리가 배어 있는 셈이지요. 그런데 만약 그 성의 성주가 폭군이라면 어떻게 해야 할까요? 예전에는 '가족'의 범위가 지금보다 넓어서 많은 어른이 한집에 머물거나 가까운 이웃으로 지냈어요. 누군가 제멋대로 어긋나기 어려웠습니다. 하지만 지금처럼 딱 부모, 자식 정도가 한 지붕 아래 독립된 구조에서는 그렇지가 않죠. 아빠가 엄마를, 엄마가 자녀들을 괴롭히면 어떻게 해야 할까요? 주변에서 알기도 어렵고, 알아도 간섭하는 일이 쉽지 않을 거예요.

가정폭력을 이야기하는 거죠? 아동학대로 끔찍한 일을 당한 아이들에 관한 뉴스를 보기는 했어요. 정말 무섭더라고요. 안타까운 일이지만 흔한 일은 아니겠죠. 그러니까 뉴스에도 나오는 거 아닐까요? 여기 모여 변호사님 이야기를 듣고 있는 우리와는 별 상관이 없을 거 같아요.

주의해야 할 가정폭력의 특징들

절대 그렇지 않아요! 제가 굳이 서양 속담으로 이야기를 시작한 이유가 있어요. 가정폭력의 특징에 대해 이해할 필요가 있기 때문이에요. 가장 먼저 주변에서 알기가 어렵다고 했잖아요? 그 바람에

116

당장 무슨 일이 벌어져도 피해를 입는 쪽에서는 딱히 대처할 방법을 떠올리기가 어렵거든요. 어렸을 때를 생각해 보세요. 가정은 세상의 전부잖아요. 다른 식구들이 가만히 있는 한 도움을 요청할 사람이 없어 보여요. 조금 나이가 들어 학교를 다녀도 사실은 마찬가지예요. 비슷한 또래에게 하소연해도 소용없을 거라 여길 수 있지요. 의외로 어른들 역시 그러기 쉽답니다. 남들에게 창피하다거나 혹은 폭력을 휘두르는 사람도 가족인데 바깥에 알리는 바람에 일이 커질까 봐 쉬쉬할 수 있어요. 문제는 그렇기 때문에 일단 시작하면 한 번에 끝나지 않는 경우가 많다는 겁니다. 말리는 사람이 없다 보면 비슷한 상황마다 똑같은 폭력이 일어납니다. 반복되다 보면 폭력의 정도는 점점 심해져요. 가벼운 손찌검으로 시작했는데 어느 순간 크게 다칠 정도까지 이어져요. 주기도 짧아지면서 걸핏하면 폭력이 시작되지요. 행사하는 사람도 당하는 사람도 익숙해지는 겁니다. 우리는 변하는 환경에 어떻게든 적응하는 속성이 있거든요. 뜨거운 물에 개구리를 집어넣는 실험 들어 봤죠? 처음부터 끓는 물에 개구리를 던지면 바로 뛰어나와 살아납니다. 그에 반해 차가운 물에 개구리를 넣고 서서히 온도를 높이면 견디고 견디다 결국 죽고 말지요. 여러분이 뉴스에서 접하는 끔찍한 일이 그렇게 일어나는 겁니다. 그 정도까지 이르지 않더라도 참고 견뎌서는 안 될 일을 참고 견디기 쉬운 것이 가정폭력의 특징이에요.

어린 시절 겪은 폭력은 성장해서도 영향을 미친다.

제가 가장 안타깝고 속상한 특징이 따로 있는데요. 가정에서 폭력을 겪으며 자라면 나중에 어른이 됐을 때 마찬가지로 폭력을 행사할 가능성이 높답니다. 변호사를 하며 접한 이런저런 사건 중에 어린 시절의 아픈 경험이 만들어 낸 비극이 많았어요. 사람들끼리는 의견이 다르거나 해서 다투는 일이 늘 있습니다. 가족이라도 마찬가지입니다. 아니, 같은 공간에서 생활하다 보면 오히려 남들보다 더 자주 다투지요. 여러분도 일상생활에서 부모, 형제자매와 그렇잖아요. 가족 구성원 중 누군가가 그걸 해결하는 잘못된 방법으로 폭력을 선택하는 거예요. 문제는 당하면서 그걸 배운다는 겁니다. 다른 방법을 모르니까 어른이 된 다음 비슷한 상황을 맞으면 저절로 폭력으로 반응하는 겁니다. 구치소 접견실에서 수의를 입고 어린 시절을 털어놓으며 눈물을 흘리는 범죄자를 만나면 마음이 정말 아파요.

살짝 두려운데요. 변호사님 말씀대로라면 저희 중에도 그런 일을 겪는 친구가 있을 수 있다는 거잖아요. 하지만 그럴 정도라면 어디를 다치거나 해서 쉽게 남들 눈에 띌 텐데요…….

이해하기 쉬운 예로 물리적인 폭력을 들었던 거고요. 실제 가정폭력의 모습은 여러 가지로 나타난답니다. 폭행뿐만 아니라 정서적, 성적 학대가 있어요. 마주칠 때마다 욕설하거나 사소한 잘못을 큰일인 것처럼 비꼬면서 자존감을 꺾을 수 있습니다. 반대로 아예 투명 인간 취급을 하며 버림받은 기분을 들게 만들 수도 있지요. 살아가는 데 필요한 최소한의 도움을 주지 않아 글자 그대로 먹고살기 어렵게 만들기도 합니다. 정말로 버리는 겁니다. 무슨 일이든 일방적으로 자신의 의견만을 강요하면서 하기 싫은 일을 억지로 하게 만드는 일도 넓게 보면 가정폭력이에요. 그런 일들을 매일같이 겪다 보면 겉보기엔 멀쩡해 보여도 살아가는 힘을 잃고 무기력해지겠지요. 자신이 그런 처지에 놓여 있다는 사실조차 깨닫지 못하는 겁니다.

여러분 또래가 겪는다면 가정폭력 중에서도 아동학대에 해당하는데요. 아동이라는 말 때문에 아주 어린 아이로 생각하면 안 돼요. 아동은 만으로 18세가 되지 않은 청소년을 포함하는 겁니다. 법은 목적이나 취지에 따라 청소년의 범위를 조금씩 다르게 정하는데요. 이 경우는 아동으로 보호할 수 있는 범위를 넓히기 위해 그렇게 정한 겁니다. 아동 복지법은 부모를 포함한 어른이 아동의 건강이나 복지를 해치거나 정상적인 발달을 못 하게 할 수 있는 신체적, 정신적, 성적 폭력이나 가혹 행위를 하는 일 혹은 아동의 보호자가 아동을 유기하거나 방임하는 행위를 아동학대로 규정하고 있어요 (제3조 제7호).

그럼 어떻게 해야 해요? 혹시라도 그런 일을 겪거나 주변에서 가정폭력, 아동학대가 일어나고 있다는 사실을 알게 되면요?

함께 나서야 멈출 수 있는 가정폭력

망설이지 말고 적극적으로 신고를 해야 합니다. 앞서 말한 가정폭력의 특징과도 관련이 있는데요. 보통 남의 집 일에 끼어들지 않겠다며 눈을 감기 쉽습니다. 그 바람에 끔찍한 일이라도 벌어지면

죄책감이 들지 않을까요? 경찰에 신고했다 불편한 일을 겪을까 봐 걱정할 필요는 없어요. 신고한 사람이 누군지 알 수 없도록 비밀을 지켜주고, 서류에 이름을 남기거나 하지 않도록 하고 있으니까요 (아동학대 범죄의 처벌 등에 관한 특례법, 앞으로는 '아동학대 처벌법'이라고 할게요, 제10조 제3항). 유치원, 학교나 병원에서 일하는 분들은 의심스러운 상황을 발견하면 반드시 신고하도록 의무를 주고 있고요. 지키지 않으면 과태료도 내도록 합니다. 그만큼 주변에서 알려주는 일이 중요하다는 뜻이에요.

피해를 겪고 있는 아동이 직접 신고할 수 있도록 돕는 법적 장치도 있어요. 원래 가족끼리는 형사 고소를 할 수 없는 것이 원칙이라

주변에서 살피고 적극적으로 신고해야 도울 수 있는 가정폭력.

고 했잖아요. 하지만 가정폭력, 아동학대는 예외입니다. 피해 아동이 직접 고소할 수 있고, 주변 친지가 고소를 돕거나, 도울 사람이 없으면 검사가 나서도록 합니다(아동학대 처벌법 제10조 제4항). 어렵게 느껴지는 법적 절차에 대한 부담도 덜 수 있게 국가에서 변호인을 선임해 주기도 한답니다(제16조). 그러니까 혹시라도 어려움을 겪게 되어도 망설이지 마세요.

알겠어요. 그런데요, 변호사님도 잠깐 이야기했듯이 가족을 신고한다는 생각만으로도 힘들어요. 얼마나 심각한 상황일 때 그래야 하는지도 잘 모르겠고요. 사소한 일로 경찰을 불러서 엄마, 아빠가 잡혀간다면 그것도 너무 싫어요. 부모님이랑 다퉜다고 홧김에 과장해 경찰에 신고했다가 그런 일을 겪으면 어떡해요?

그런 마음이 들 수밖에 없겠지요. 실제로 아동학대를 하는 사람의 80퍼센트가량은 친부모라고 합니다. 문제가 얼마나 심각하고 해결하기 어려운지 짐작이 가지요. 법도 특별한 고민을 했는데요. 가능하면 가정을 회복해 유지하도록 하는 방법을 찾았습니다. 곧장 형사 재판에 넘겨 처벌하는 대신 심각하지 않은 경우에는 아동 보호 사건으로 분류합니다. 일단 신고를 접수한 경찰은 출동할 때부터 가능한 아동학대 전담 공무원과 함께 가는데요. 피해 아동을 보호하고 상황에 맞는 응급조치를 취하기 위해 전문가와 협력하는 겁니다(아동학대 처벌법 제11조). 학대 행위를 막고, 아동으로부터 떨어뜨려 놓지요. 필요한 경우 아동을 보호시설에 머무를 수 있도록 하거나 병원에 데려가기도 합니다(제12조). 당장 그때뿐만이 아니라 재판으로 최종적인 결정을 할 때까지 학대 행위자가 집으로 오지 못하게 막기도 하고요. 전화나 문자 같은 거로 위협할 수도 없도록 합니다. 정말 심각한 경우에는 학대 행위를 한 사람을 경찰서 유치장이나 구치소에 아예 가둬 놓을 수도 있고요(제19조). 임시 조치로 안전한 상황을 만드는 거지요.

가정을 유지하며 잘못 바로잡기

이후에 경찰, 검찰은 형사재판을 받도록 하는 게 맞을지, 아니면 아동보호 사건으로 처리하는 게 맞는지 판단합니다. 아동보호 사건으로 진행할 경우 판사가 필요한 보호처분을 내리는데요. 전문 기관에 위탁해 상담을 받도록 하거나, 정신과 치료도 하라고 합니다. 비슷한 행동을 다시 저지르지 않도록 법무부 직원이 일정 기간 보호관찰을 할 수도 있습니다. 그냥 지켜보기만 하는 게 아니라 행동을 바로잡기 위한 교육을 하는 겁니다(제36조). 원만한 부모, 자식 사이로 되돌려 놓기 위한 조치들이에요.

이런 절차는 아동학대뿐만 아니라 가정폭력 사건에도 마련해 두고 있는데요. 부모님 사이에 문제가 발생할 수도 있고요. 어른이 돼서 가정을 이룬 다음 배우자에 의한 폭력을 겪더라도 필요할 수 있으니까 기억해 두세요. 그럴 리 없다고 생각하기보다는 아는 것이 힘입니다. 나이를 먹는다고 거저 어른이 되는 건 아니거든요. 그만큼의 책임이 따르지요. 제가 법을 알고 있어야 한다고 강조하는 이유예요. 피해자가 될 수도 있지만 자신도 모르는 사이에 소중한 사람들을 다치게 할 수도 있으니까요.

참고로 이런 보호처분에 반대하는 의견도 있어요. 처음부터 엄하게 벌을 줘야 재발을 막을 수 있다는 것이지요. 물론 그런 상황이 있을 수는 있지요. 하지만 법적으로 따져 단순한 폭행 정도라면 재판을 해도 벌금 물리는 거로 끝낼 수밖에는 없거든요. 재판을 받느라 잔뜩 화가 난 상태로 집에 돌아오면 어떻겠어요? 오히려 더욱 좋지 않은 일이 생길 수도 있을 겁니다. 가정에서 벌어진 일이라는 특징을 여러 가지로 고려해야 합니다.

알아 둬야 한다고는 하지만 많이 씁쓸해요. 부모님에 의한 학대가 80퍼센트에 이른다니 속상하기도 하고요. 진짜 그런 일을 겪으면 머릿속이 아득해져 생각이나 제대로 날지 모르겠어요.

그래요. 법은 이성적인 인간을 가정해 만들어 놓지만 막상 큰일을 당하면 제대로 대응하기 어렵겠지요. 여러 가지 안전장치를 두고 있으니까 신고 하나만큼은 절대 잊지 말아요. 일반 범죄와 또 다른 차이는 국가가 적극적으로 피해 아동에 대한 보호에 나선다는 건데요. 앞서 말한 것처럼 학대 행위를 한 사람을 떨어뜨려 놓는 것 역시 임시 조치로 끝나지 않고 필요한 만큼 유지할 수 있습니다. 그동안 충분히 보호시설에 머무를 수 있고요. 시설에서는 다친 몸과 마음을 치료하기 위한 지원을 합니다. 기간이 길어지면 사정을 보고, 돌봐 줄 수 있는 가정을 찾아 주기도 합니다. 다녀야 하는 학교를 결정하는 데 친권이 필요하다면 법원이 대신 행사해 주기도 하고요(아동학대 처벌법 제47조). 그런 과정을 진행하는 것 자체도 아동이 직접 하기는 어렵겠지요. 부모 중 학대 행위자가 아닌 사람, 가까운 친지, 전문 상담원, 변호사 같은 사람 중에서 보조인을 정해 도와준답니다(제48조). 사회, 국가 공동체가 커다란 가정처럼 나서는 겁니다. 그런 게 법이 필요한 이유이기도 하겠지요.

이번 시간에는 상당히 무거운 주제를 다뤘네요. 인간들의 법이라는 게 아무래도 나쁜 상황에 대비하기 위한 일이니까요. 병이 있으니까 치료법을 마련하는 것이겠지요. 가장 먼저 가정폭력의 특징에 대해 다뤘습니다. 외부로 드러나지 않는 은폐성, 일단 시작하면 계속하기 쉽고 더욱 심각해진다는 연속성, 상습성 그리고 안타깝게도 세대를 넘어 이어진다는 전수성으로 요약할 수 있습니다. 인간이기 때문에, 가족 간의 정이라는 것 때문에 가정 내에서 발생하는 폭력에 대응하기 더욱 어려워하는 것으로 보이네요.

복잡한 인간의 감정만큼이나 가정폭력의 형태도 다양하게 나타나더라고요. 가장 기본적인 폭행부터 정서적 학대, 아예 없는 사람처럼 무시하기까지 말이에요. 그런 일들을 겪다 보면 어른으로서 하나의 완성된 인간으로 자라기 어렵겠지요. 가정은 그런 과정에 꼭 필요한 사회적 제도인 만큼 가정을 회복시키기 위한 법을 만들어 두었는데요. 심각할 때는 형사처벌을 할 수밖에 없겠지만 그렇지 않다면 대안으로 보호처분을 두고 있습니다. 응급조치, 임시 조치 그리고 학대 행위를 한 사람과 피해 아동을 위한 여러 가지 조치를 소개했습니다. 스스로를 위해 혹은 주변에서 나쁜 일을 겪고 있을 친구를 위해 신고하는 일을 잊지 말아주세요.

삼촌의 손길이
싫어요!

오늘은 성(性)에 관해 이야기해 보려고 합니다. 김 씨, 이 씨 하는 성(姓) 말고요. 모르는 척하지 말아요. 요즘 친구들은 너무 빨리, 너무 많이 알게 되잖아요. 각자 손에 든 스마트폰을 통해 인터넷을 이용하다 보니까 그렇지요. 예전에는 상상도 할 수 없었던 일인데요. 그게 옳다 그르다를 떠나서, 그 때문에 여러 가지 문제가 발생하는 건 분명한 사실입니다. 아이고, 말해 놓고 보니 '꼰대'처럼 들릴 수도 있겠다는 걱정이 드네요, 하하. 어른들은 종종 "옛날엔 안 그랬는데……" 하는 식의 이야기를 하지요. 자신들이 청소년이었을 때를 떠올리다 보니 그런 겁니다. 듣는 여러분 입장에서는 지금의 시대만 겪고 있으니 어른들이 답답하게 여겨질 테고요. 그런 차이가 있다는 사실을 양쪽 다 서로 이해해 주면 대화가 훨씬 수월할 텐데 말입니다. 그게 가장 자주 드러나는 게 성에 관한 문제 아닐까 싶네요. 어떤 방식으로 접근하느냐에 따라 여러 가지 방향이 있겠지만 변호사인 만큼 법적으로 다뤄야겠지요.

에이, 뭔가 재미있는 이야기라도 나올까 살짝 기대했는데. 기대를 저버리지 않고 역시 법이군요. 그런데 그걸 왜 가족에 관한 부분에서 다루려고 하세요?

어쩐지 평소보다 눈이 빛나는가 싶더니 금방 꺼지더군요. 그만큼 호기심이 많다는 뜻일 텐데. 그러다 보니 오히려 꼭 알아야 할 것들을 빠뜨리기 쉽습니다. 부모님과 자녀로 이루어진 가정이라면 이성을 처음 접하는 공간이 가정이잖아요. 두 남녀의 성적 자기 결정권 행사 결과로 만들어지는 가정이 많고요. 사회, 국가를 이어 나가는 구성원이 태어나는 것이지요. 물론 성의 의미를 그렇게 좁게만 보자는 뜻은 절대 아닙니다만. 한편으로 아동학대의 한 유형인 성적 학대를 짚어 줄 필요도 있고요.

성적 자기 결정권과 성폭력

성적 자기 결정권이라고요? 성에 관한 법적인 권리인 거예요? 변호사님 말씀처럼 호기심이 많은 건 사실인데요. 권리라는 식으로 생각해 본 적은 없어서 신기하네요. 다시 눈 반짝거리나요?

네, 그렇네요, 하하. 두 번째 날 형법에서 범죄로 정해 놓은 것들은 무엇인가를 지키기 위한 것이라고 했잖아요. 대한민국 헌법 제10조는 모든 국민이 행복을 추구할 권리를 가진다고 선언하고 있답니다. 여러분은 언제 행복하다고 느끼세요? 맛있는 거 먹을 때? 성적을 잘 받았을 때? 친구들과 놀 때? 열이면 열, 백이면 백 모두 조금씩 다르겠지요. 그래서 자연스럽게 자신에 관한 일은 국가의 간섭 없이 자유롭게 정할 수 있다는 뜻의 자기 결정권이 제10조로부터 나옵니다. 자기 결정권 안에도 여러 가지가 있고, 그중 성적 자기 결정권이 있어요. 헌법재판소는 성행위를 할 것인지 상대방은 누구로 할 것인지, 그 시간과 장소를 비롯한 모든 사항에 대해 개인이 선택하고 결정할 수 있는 권리라고 일찌감치 공식적으로 인정했답니다(1990.9.10. 선고 89헌마82). 참고로 앞으로 대법원 판결이나 헌법재판소 결정에 관해 소개할 때는 이렇게 사건번호를 알려 드릴 거예요. 앞에 나오는 날짜는 선고가 있었던 날이고, 뒤는 사건 번호랍니다. 혹시 조금 더 그 내용에 관해 깊이 알아보고 싶은 열정적인 친구가 있다면 인터넷에 검색해 보세요.

헌법으로까지 보장해 주고 있다니 전혀 뜻밖인데요. 뭐랄까, 무게가 느껴진다고 해야 할까요?

맞습니다. 그만큼 중요하다는 뜻이니까 함부로 다루지 말아야 하겠지요. 사실 여러분이 누리는 기본권은 모두 헌법에서 보장해 주고 있는 것들이긴 하지만요. 자유롭게 정한다는 건 스스로 원하면 무엇이든 상관없다는 식의 무책임한 태도와 다릅니다. 모든 자유와 권리가 그렇듯이 성적 자기 결정권도 다른 사람의 권리를 해치면 안 된다는 분명한 한계가 있습니다. 더구나 성은 상대방이 있기 마련이잖아요. 함부로 하면 어떤 제재를 받게 되는지 알아봅시다.

우선 관련한 여러 가지 개념부터 이야기해 볼게요. 여러분이 가진 성적 자기 결정권을 해치는 모든 육체적, 정신적 폭력을 통틀어 성폭력이라고 하는데요. 가장 넓은 의미입니다. 성폭행, 성추행은 물론이고요. 혹시 '바바리맨'이란 말 들어 봤어요? 공공장소에서 자기 몸을 함부로 드러내는 사람을 가리키는데요. 바바리맨은 절대 보고 싶지 않은데 혐오감만 주는 행동을 하는 것이고, 그 행동은 공연음란죄라는 범죄입니다. 음란물이라고 불리는 사진이나 영상 같은 것들을 만들고(음화 제조죄), 주변에 돌리는(음화 반포죄) 일 역시 범죄로 처벌받습니다. 그와 관련해서 사회적으로 많은 물의를 일으키는 행동이 있지요. 허락 없이 다른 사람의 신체를 사진, 영상으로 촬영하는 짓입니다. 스마트폰을 비롯한 각종 장비를 구하기도 사용하기도 쉬워 벌어지는 부작용인데요. 카메라 등 이용 촬영죄로 강력하게 처벌합니다.

성폭행은 상대방의 동의를 얻는 대신 폭행이나 협박을 해서 강제로 성관계를 갖는 일입니다. 형법에서는 강간이라고 합니다. 성관계까지는 아니지만 성적으로 수치심이 들 정도로 신체 접촉을 하는 일을 성추행이라고 하는데요. 형법에서는 강제 추행으로 부

성폭행과 성추행은 **특별법**을 따로 두어 처벌하고 있다.

릅니다. 쉽게 말해서 허락 없이 함부로 몸에 손을 대는 짓이지요. 성폭행, 성추행은 방법이나 정도에 따라 여러 가지로 차이가 있어서 특별법까지 따로 두어 처벌하고 있습니다.

꼭 범죄로까지 다루지는 않더라도 여전히 성적 폭력으로 보기도 하는데요. 성희롱이 대표적입니다. 직접적인 신체 접촉은 없지만 직장 상사와 부하 직원처럼 쉽게 거부하기 힘든 관계에서 원하지 않는데도 성적인 말과 행동을 반복하는 바람에 굴욕감이나 혐오감을 주는 일을 성희롱이라고 하고요. 많은 남녀가 함께 일을 하는 공간에서 서로를 존중하지 않는 것이지요. 형사처벌은 아니더라도 징계를 받거나 과태료를 내야 하고, 손해배상 같은 소송에 걸릴 수도 있습니다.

성 인지 감수성에 대한 이해

그러니까 얼마나 심각한 행동이냐에 따라 나눠 놓은 거군요. 솔직히 성에 관해 많이 궁금했는데, 폭력이라며 유난히 단호하게 말씀하시니까 살짝 걱정스럽기도 해요.

단호해야 하죠. 법이란 여러분을 지키기 위한 울타리 같은 것이라고 했잖아요. 넘지만 않으면 그 안에서 얼마든지 자유롭게 지낼 수 있다고요. 성에 관한 호기심을 많이 느끼는 건 그만큼 본능이 강하기 때문인데요. 정확하게 선을 알고 있지 않으면 자칫 평생 후회할 일을 저지를 수 있거든요. 그건 어른들 역시 마찬가지랍니다. 직장에서는 법적으로 4대 폭력 예방 교육을 의무적으로 시켜야 하는데요. 다름 아닌 성·가정·학교 폭력과 성희롱 예방입니다.

그런 교육은 여러분 또래에게도 필요한 일이라고 봐요. 다른 이유가 아니라 앞서 말했듯이 성이란 상대방이 있는 행동이기 때문입니다. 아직은 서로를 제대로 알기 어려운 나이인 만큼 서로에게 상처를 줄 수 있으니까요. 관련해 '성 인지 감수성'을 갖추는 일이 필요합니다. 원래는 성별의 차이에 따른 불평등한 상황을 알아차리고 바꾸는 데 필요한 인식, 감성 능력을 가리켰는데요. 남녀의 차이를 인정하면서, 그런 차이가 서로를 차별하는 일로 이어지지 않도록 애쓰기 위한 겁니다. 성폭력 사건에서는 피해자 입장에서 상황이나 맥락을 이해해야 한다는 뜻으로 쓰이면서 법률 용어가 됐지요. 아주 단순하게 말하면 내가 좋다고 해서 상대방 역시 좋을 것이란 식으로 지레짐작하지 말라는 겁니다.

제가 여러분 또래 여학생에게 들은 이야기가 있는데요. 그 학생은 어렸을 때 명절이 싫었답니다. 친지들이 찾아와 큰절이라도 드리고 나면 꼭 어른들이 자기에게만 안아 달라고 했다는 거지요. 오빠나 남동생에게는 그러지 않았는데요. 물론 어른들이 특별히 나쁜 뜻으로 그러지는 않았을 겁니다. '여자아이'라 예뻐한다는 것이었겠지만 그게 잘못된 편견이라는 걸 몰랐겠지요. 어른들에게 성인지 감수성이 부족했던 것이지요. 하지만 몰랐다고 그만일 수는 없습니다. 그 학생 입장에서 생각해 보면 성차별이고, 성폭력일 수 있는 겁니다. 교육이 가정에서부터 시작해야 하는 이유입니다.

인터넷에는 사진, 영상, 음악 가리지 않고 여러분의 호기심을 부추기는 내용이 담긴 콘텐츠가 수없이 떠돌지요. 어른들이 이런저런 걱정을 하는 게 부질없이 여겨질 만큼 많습니다. 그중에는 성에 관한 잘못된 인식을 주는 것들이 있거든요. 부질없는 말을 보태지는 않을게요. 하지만 이것만은 기억해 주세요. 함께 해서 좋은 일이잖아요. 상대방의 입장을 헤아리고 배려하는 일이 시작이고 기본입니다. 여러분을 감옥에서 만나고 싶지 않아요.

아동·청소년을 위한 보호 장치들

와, 마지막 말씀은 진짜 무서운데요. 감옥에서 변호사님의 도움을 기다린다니 상상만 해도 끔찍해요.

그 느낌 꼭 기억해 주세요. 너무 겁을 준 걸까요? 하하, 그럼 이제 여러분을 보호하기 위한 법적 장치에 관해 이야기해도 되겠네요. 우선 우리는 모두 성적 자기 결정권이라는 기본권을 가지고 있다고 했잖아요. 권리에는 책임과 의무라는 무게가 따릅니다. 어떤 권리는 너무 어린 나이에 감당하기 어려울 수 있지요. 만으로 12세까지는 성적 자기 결정권을 행사할 수 없다고 법은 정했습니다. 고작해야 초등학교 6학년이잖아요. 성행위에 동의할 수 있도록 하면 그걸 악용하는 나쁜 어른들이 있을 겁니다. 무엇인지도 모르는 아이를 꼬드겨 성적인 행위를 저지른 다음 합의에 따른 관계였다면서 발뺌할 수 있겠지요. 아예 법으로 막아 버린 겁니다. 설령 동의했더라도 강간, 강제추행으로 처벌합니다. 진정으로 동의할 능력이 없다고 본 겁니다. 보호하기 위해서요. 13세부터 15세까지는 완전히 법으로 제한하기는 어려운 측면이 있는데요. 19세를 넘은 어른이이들과 성적 행위를 하면 역시 동의 여부와 상관없이 강간, 강제추행입니다.

그뿐만 아니라 법은 성범죄에서도 '아동'의 나이를 19세 미만으로 보는데요. 아동·청소년의 성 보호에 관한 법률을 따로 만들어 일반 형법보다 강력하게 처벌하는 것은 물론 특별한 장치를 두고 있습니다. 대표적으로 미성년자에게 몹쓸 짓을 저지르면 그 범죄에 대해서는 미성년자가 만 20세가 이른 다음부터 공소시효가 진행하도록 했습니다. 공소시효란 일정한 시간이 흐르면 형벌을 내릴 수 없는, 일상생활에서 유통기한 같은 건데요. 범인이 누군지도 모르고, 사건에 대한 실마리를 좀처럼 찾을 수 없는데도 계속 그 사건에 매달리지 않겠다는 겁니다. 세월이 지나면서 증거도 없어질 테니까요. 하지만 의문이 들 수 있을 거예요. 그럼 나쁜 짓을 저지르고도 꼭꼭 숨어 지내기만 하면 되는 걸까? 처음엔 생각지도 못한 단서를 나중에 찾아냈다고 처벌을 못 하는 걸까? 맞아요. 더구나 유전자(DNA) 검사 같은 최신 과학수사가 발전하면서 그런 모순을 지적하는 목소리가 높아졌지요. 예전에는 알 수조차 없던 증거를 오히려 시간이 지나고 찾을 수 있게 됐거든요. 예외적인 상황에 맞춘 특례가 만들어졌는데요. 살인죄에 대해 2015년부터 아예 공소시효를 없앤 것이 그래서입니다. 성범죄에 관한 특례가 필요한 이유는 따로 있습니다. 성추행이나 성폭행을 당했는데 나이가 어려 어떻게 해야 할지 방법을 찾지 못했을 수 있지요. 20세가 넘었다면 법의 손길을 요청할 수 있을 겁니다. 예를 들어 열 살에 끔찍한 일을 겪었다면, 원래는 10년의 공소시효를 넘긴 20세가 지나면 처벌할 수 없었지요. 그런 문제를 막기 위해 20세부터 비로소 공소시효를 세는 겁니다. 30세까지는 범인에게 죄를 물을 수 있게 한 겁니다. 이런 장치가 특히 필요한 곳이 가정입니다. 정말 화가 나는 일이지만 가족, 친지들이 아이들을 성적으로 학대하는 일이 종종 벌

가정 성폭력은 성인이 된 후에도 범죄자를 처벌할 수 있다.

어지거든요. 가정이라는 울타리가 감옥의 쇠창살로 바뀌는 겁니다. 설령 미성년자일 때 구출해 내지 못했더라도 어른이 돼 집을 떠날 수 있게 된 다음이라도 꼭 죗값을 치르게 하는 겁니다.

에휴, 한숨이 나오네요. 아버지가 혹은 오빠나 다른 친지들이 짐승으로 바뀐다니 얼마나 무섭고 힘들까요……. 따로 법까지 만들어 막을 정도라면 실제로 그런 일들이 많이 있나 봐요?

많기도 하고요. 많고 적고를 떠나 한 사람의 청소년이라도 그런 일을 겪어서는 절대 안 되니까요. 이런 장치들마저 빠져나가려는 '악마들'에 대해서도 마저 이야기해야겠습니다. 혹시 '그루밍'이 가

스라이팅' 같은 말을 들어 본 적이 있나요? 별 부담 없게 느껴지는 작은 선물을 건네거나 고민을 들어주고, 어려움을 겪고 있을 때 힘을 보태 주는 척하면서 접근하는 사람들이 있습니다. 제가 지금 하는 것처럼 이것저것 까다롭게 하지 말라는 말보다 뭐든 '괜찮다'라면서 고개를 끄덕여 주는 쪽에 귀를 기울이기 쉽겠지요. 상대가 조금씩 가깝게 다가오기 때문에, 어느 순간 정신을 차리고 보면 몸과 마음을 다 빼앗기고 있어요. 일반적인 성폭력의 수단으로 폭행, 협박하는 것과는 정반대입니다. 겉으로 보기에는 서로 원한 것처럼 보일 수 있겠지만 절대 그렇지 않습니다. 머릿속이 혼란스럽고 도움을 청할 수 있을지부터 걱정이 들 수 있습니다.

분명히 기억해 두세요. 무슨 일이 있었던지 절대로 여러분 잘못이 아닙니다. 자신을 탓하지 마세요. 도움을 줄 곳들이 기다리고 있습니다. 폭행, 협박에 의한 명백한 성폭력은 물론 교묘한 속임수에 당했을 때도 마찬가지입니다. 성폭력 상담소, 해바라기 센터 같은 곳들이 상담과 법적 조치, 의료 지원까지 해 줍니다. 인터넷 포털에 '성폭력 상담'으로만 검색해도 쉽게 연락할 수 있습니다. 성범죄 피해를 입어 형사 절차가 필요한 상황이라면 국가에서 변호인도 무료로 선임해 줍니다. 국가에서 기본권으로 보장한다고 했잖아요. 지켜 주는 일이 당연한 겁니다. 결코 여러분 책임이 아닙니다.

인공지능 매킨지가 알려 주는 핵심 내용

오늘은 인공지능인 저로서는 정말 이해하기 힘든 부분을 다뤘네요. 제가 머무는 가상공간에는 성에 관한 수없이 많은 내용이 있습니다. 뭘 이렇게까지 궁금해들 하나 싶을 정도이거든요. 인간들은 참 재미있는 존재예요. 아무튼 그건 제 숙제인 셈이고, 변호사님 이야기를 정리해 드릴게요. 여러분은 모두 인간으로서 성적 자기 결정권이라는 기본권을 가지고 있습니다. 공동체를 이루고 이어 나가기 위해 꼭 필요한 본능이기도 하지요. 다른 사람과 함께 이어야 하는 만큼 다른 사람의 기본권을 지켜 줘야 하는 걸 잊지 말아야 합니다. 기본권을 침해하는 행위들을 포괄해 성폭력으로 보는데요. 성폭행, 성추행, 성희롱처럼 심각한 정도에 따라 나뉩니다. 서로에 대한 선을 넘지 않기 위해 성 인지 감수성에 대해 알아야 하는데요. 성차별과 관련이 있습니다. 다른 사람의 입장에서 성을 바라보고 이해할 줄 알아야 하지요. 이제 성에 눈을 뜨기 시작한 여러분에 대해서는 보호할 필요성이 크기 때문에 법적으로 여러 가지 장치를 두고 있습니다. 하지만 그걸 피해 가려는 나쁜 어른들은 여전히 있지요. 변호사님 말씀처럼 혹시 무슨 일이 생기더라도 여러분 잘못은 결코 아니니까요. 언제든지 도움을 줄 곳들이 많다는 사실 꼭 기억하세요.

③ 가상공간에서 만나는 법 이야기

가상공간에서
법의 자리를 찾다

어서 오세요, 여러분! 네, 이쪽입니다! 빛의 공처럼 보이는 제가 매킨지예요. 무슨 생각이 들었는지 변호사님이 여러분을 이곳으로 모이게 한 거예요. 저한테는 안방 같은 곳이긴 한데……. 실제 가상 공간은 0과 1로 이뤄진 데이터의 집합이지요. 딱히 3차원적 의미의 '공간'이라고 할 수는 없습니다. 인간이 편의상 그렇게 부르는 거지요. 지금 여러분이 있는 곳처럼 보이는 건 그리스 아테네의 파르테논 신전입니다. 가상현실(VR : Virtual reality) 장비를 쓰면 더욱 현실적으로 느껴질 텐데요. 없어도 360도 영상으로 만들었으니까 이리저리 디바이스를 움직여 보세요. 변호사님, 이 정도면 만족하세요? 이제 변호사님 아바타(Avatar)도 나오도록 할 텐데요. 그리스신화에서처럼 하늘에서 내려오는 모습이라도 연출해 볼까요?

그렇게까지는 필요 없어요, 하하. 와, 정말 그럴듯한데요! 저 이제 보이는 거지요? 여러분 저 어때요? 이번 시간부터는 가상공간에 관한 이야기를 나눠 볼까 해서요. 중간중간 자료 보여 드리기에도 좋을 듯싶어 아예 여기서 만나기로 한 겁니다. 완전 신박하지 않아요?

네. 뭐, 멋지네요. 저희야 평소에 영상 강의도 많이 보고, 3D 게임도 자주 하니까 익숙해요. 변호사님 아바타는, 음, 실제보다 훨씬 멋져 보이네요, 크크.

기술의 발전을 따라잡기 힘든 법률

어쩐지 살짝 놀리는 느낌인데요? 저만 신난 모양입니다. 하기는 여러분이야 태어날 때부터 스마트폰, 태블릿 피시에 익숙하니까 새로울 것도 없겠지요. 바로 그게 참 어려워요. 세상이 너무 빨리 변하는 바람에 기존의 법과 제도의 한계를 뛰어넘는 일이 많거든요. 대한민국 형법이 만들어진 게 1953년입니다. 민법은 1958년이고요. 그동안 여러 차례 바꾸면서 보충되기도 했지만 최근 변화를 따라잡기가 너무 힘들어요. 여러분에게는 익숙한 환경이지만 그래서 위험하기도 하거든요.

일단 가상공간이라고 불리는 이런 곳을 어떻게 봐야 하는지부터 쉽지가 않아요. 법은 정해진 시간과 공간을 전제로 하기 마련이거든요. 예를 들어 어떤 행동이 범죄인지 아닌지를 판단할 때는 그 일을 했을 때 법을 기준으로 하고(형법 제1조), 대한민국 안에서 저지른 범죄라면 외국인이라도 우리 형법을 적용하는데요(제2조). 제가 머무는 이 공간은 어디라고 해야 할까요? 여러분이 이용하는 SNS나 유튜브 같은 플랫폼들은 외국 회사들이 제공하는 경우가 많지요. 그런 회사들이 사업을 해서 얻는 수입에 대해 어느 나라 정부가 세금을 매겨야 할까요? 혹시 그 회사 서비스를 악용한 범죄가 벌어지면 증거를 찾기 위해 외국에 있는 서버(Server)를 압수 수색할 수 있을까요?

한술 더 떠서 현실과 가상이 뒤섞여 있다는 뜻으로 메타버스(Metaverse)까지 등장했는데요. 그런 곳에서 '나'를 대신해 활동하고 있는 또 다른 '나'는 법적으로 어떤 존재라고 봐야 할까요? 뭔가 많이 혼란스러울 때 이런 말을 하잖아요. 나는 누구이고, 여기는 어디인가? 법이 겪고 있는 상황이 딱 그래요. 제자리를 찾기 위해 애써야 한답니다.

제가 매킨지에게 이렇게 장소를 꾸며 달라고 한 이유가 바로 그런 점들 때문이에요. 파르테논은 고대 그리스 아테나 여신의 신전입니다. 아테나는 기술과 전쟁, 그리고 지혜의 여신이지요. 발달한 과학기술을 누리고 있는 오늘날이지만 사실은 전쟁터처럼 위험한 일이 수시로 벌어지거든요. 그만큼 지혜롭게 이용할 줄 알아야 한답니다. 어때요? 딱 적절한 비유잖아요!

　　변호사님 오늘 조금 이상하신데요, 크크크. 자아도취가 심해 보여요!

개인정보 유출이 가져오는 위험

　뭐라고요? 쳇, 좋아요. 달라 보이는 이유를 알려 드릴까요? 전 사실 여러분이 아는 그 변호사가 아니거든요. 아바타만 보고 덜컥 믿다니 속이기 참 쉽네요! 매킨지가 알려 준 링크를 누른 다음 여기로 왔죠? 그거 사실 해킹해서 개인정보 빼내기 위한 거였어요. 어디 보자. 매킨지, 여기 앞에 있는 친구 자료 정리해 줘요. 오호, 다나오는군요. 다니는 학교, 좋아하는 친구들이랑 자주 다니는 곳들, 사는 곳과 가족관계……. 개인정보 모두 다 있네! 개인정보란 이름, 얼굴 사진 같은 것들을 비롯해 누구에 관한 것인지 알 수 있는 각종 정보를 가리킨답니다.

개인정보를 캐내는 해커.

어어. 왜 그러세요, 무섭게. 진짜로 변호사님이 아닌 건 아니죠?
저희 개인정보 알아내서 어디에 쓰려고요…….

갑자기 헷갈리죠? 실제로 누구라는 걸 확인할 방법도 딱히 없지
않아요? 걱정하지 마세요. 저 맞아요. 사실 개인정보를 알아내기
위해 굳이 해킹까지 필요하지도 않았어요. SNS나 오픈 채팅에 여
러분이 스스로 올린 글, 사진, 영상 등으로 알 수 있거든요. 그렇게
공개된 자료들을 매킨지가 모아 온 거예요. 자랑삼아 음식 사진을
올리면 시간, 장소까지 함께 알려지기도 하는 거 알잖아요? 가끔
아찔할 때가 있는데요. 무심결에 학생증 같은 게 보이는 사진을 공

개하는 친구들까지 있더라고요. 해킹하면 문제는 더욱 심각해지지요. 이를테면 온라인에 '좋은 정보'를 소개한다는 자극적인 광고들이 있는데요. 무심코 눌러 보는 순간 여러분이 쓰는 스마트폰, 태블릿 피시를 오염시켜 온갖 정보를 털어 갈 수 있는 겁니다. 에휴. 예전에 〈나는 네가 지난여름에 한 일을 알고 있다〉라는 제목의 공포 영화가 있었는데⋯⋯. 낯선 사람이 여러분에 관해 너무 많이 아는 일이 전혀 신경 쓰이지 않나요?

아마 개인정보가 얼마나 중요한지 특별히 신경 쓴 적이 없을 수 있어요. 아직 본격적으로 사회생활을 하고 있지는 않으니까요. 돈을 벌지 않으니까 딱히 빼앗길 것도 없다고 여기겠지요. 하지만 누군가 나쁜 마음만 먹으면 개인정보를 이용해 얼마든지, 무슨 일이든지 벌일 수 있답니다. 편리한 만큼 위험하기도 한 게 기술이거든요. 우리나라는 전 세계에서 거의 유일하게 주민등록번호 제도를 운영하고 있는데요. 각종 거래를 하거나 인터넷 서비스를 이용하는 데도 흔하게 쓰곤 합니다. 그러다 보니 누군가의 주민등록번호만 알면 마치 만능열쇠처럼 그 사람에 관한 거의 모든 정보를 열어 볼 수 있는 부작용이 따릅니다. 또한 요즘은 포털 서비스 한 곳에 가입하면서 만든 아이디(ID), 비밀번호를 이용해 제휴한 다른 회사 서비스까지 이용할 수 있도록 하는 경우가 많은데요. 거꾸로 뒤집으면 한 곳만 뚫리면 죄다 구멍이 생기는 겁니다. 무슨 일이 생길까요? 그 서비스들이 유료라면 모두 공짜로 쓸 수도 있을 테고요. 아예 새로운 서비스를 이용할 수도 있습니다. 남의 이름으로 은행에서 큰돈을 빌려 쓰는 일도 할 수 있습니다. 온라인을 통해 비대면으로 서류 심사가 이뤄지니까요. 편리하지만 위험한 기술입니다.

가짜 얼굴과 초상권

아직은 내 일처럼 와닿지 않지요? 청소년들이 당장 겪는 일들도 있어요. 온라인이 가지는 익명성이 문제를 더하는데요. SNS에서 만나는 상대방이 '진짜'인지 알 수 없잖아요. 반대로 상대방은 여러분이 누구인지 낱낱이 알아보고 접근하겠지요. 어딘가에서 가져온 호감이 갈 만한 이성의 사진을 앞세우는 겁니다. 미리 조사해서 어떤 영화, 음악을 좋아하는지 즐겨 먹는 음식은 뭔지, 취미까지 줄줄이 꿰고 있지요. 친구로 추가해 달라고 한 다음 범죄를 저지르는 일이 흔합니다. 성적 호기심이 강한 때라고 했잖아요. 자극적인 대화를 하면서 사진 따위를 주고받은 다음 돌변하는 겁니다. 사는 집, 학교, 친구까지 다 알고 있으니 시키는 대로 끌려다니게 될 수 있어요. 악랄한 성범죄의 희생양이 되는 겁니다. 우범지대에는 경찰이 범죄를 예방하기 위해 순찰하곤 하는데 가상공간에서는 그러기 어

SNS에서 쉽게 볼 수 있는 개인정보.

렵지요. 청소년을 대상으로 한 디지털 성범죄를 막기 위해 경찰이 신분을 위장해 잠입 수사를 할 수 있도록 청소년 보호법을 만들기도 했지만 여전히 부족합니다. 무엇보다 온라인에서 벌어지는 일에 대해서는 어른들이 여러분보다 잘 모를 수 있기 때문입니다.

이런 식으로 개인정보를 써먹기도 해요. 해킹을 통해 부모님이나 가까운 어른들 연락처를 알아내 여러분인 척하며 급하게 돈을 보내 달라고 하는 겁니다. 여러분 사진으로 만든 계정이고, 평소 메신저로 대화하던 말투까지 알고 있는 겁니다. 그럴듯하게 속이기 쉽지요. 앞으로도 그런 종류의 범죄는 더 흔해질 텐데요. 딥페이크(Deepfake)라고 들어 봤죠? 특정 인물의 사진, 영상을 인공지능에게 익히도록 한 다음 진짜 같은 가짜 영상을 만들어 내는 건데요. 범죄에 쓰일 수 있습니다.

그런 점에서 혹시 자기 사진을 SNS에 많이 올리고 있다면 주의하기 바랍니다. 누군가 여러분 사진들을 훔쳐 가짜 인생을 만들고 있을지 모르니까요. 그 가짜 인생에 속은 사람들은 여러분 사진을 보면서 원망할 수도 있고요.

아니, 왜 남의 얼굴 사진을 가져다가 그런 짓을 한대요. 그건 곧 바로 범죄 아니에요? 연예인 사진을 함부로 썼다가 손해배상을 하게 됐다는 뉴스를 본 적이 있는데요. 그건 연예인처럼 유명한 사람들이나 그런 건가요?

그럴 리가요. 여러분도 여느 연예인 못지않게 똑같이 존중받아야 할 인격체랍니다. 모든 국민이 인간으로서의 존엄과 가치를 가진다고 헌법이 선포하고 있잖아요(제10조). 그냥 듣기 좋으라고 하는 말이 아닙니다. 법원은 얼굴을 포함해 다른 사람이 봤을 때 누구인지 알아볼 수 있는 모습을 함부로 촬영하거나 공개하지 말라고 합니다. 그런 권리를 초상권이라고 합니다(대법원 2006.10.13. 2004다16280). 남의 사진을 자기 것인 양 쓰면 초상권 침해에 해당하지요. 다만 그런 행위를 범죄로 정해 놓고 있지 않기 때문에 그 자체가 형사처벌 대상은 아니에요(죄형 법정주의). 사진 속 인물인 양 사칭해서 남을 속여서 돈벌이 수단으로 쓴다면 사기죄로 처벌할 수는 있겠지요.

한편 초상권 침해는 상황에 따라 손해배상을 해야 할 수는 있습니다. 허락 없이 광고용으로 쓰기라도 한다면 그로 인한 이익을 돌려줘야 할 겁니다. 남들 보여 주기 창피한 사진을 마구 퍼뜨리면 정신적 피해를 물어 줘야 할 테고요.

요즘은 자신도 모르게 초상권 침해를 당하는 일도 있는데요. 혹은 다른 사람의 초상권을 침해하기도 하고요. 누구나 손에 고성능 카메라를 가지고 다니는 시대이니까요. 음식 사진의 배경으로, 길거리 인터뷰의 행인으로, 생각지도 못했는데 찍혀 있을 수 있습니다. 혹시라도 그런 일이 있으면 사진, 영상이 있는 포털 사이트, 유튜브에 즉시 지워 달라고 하세요. 요청하기 전에 화면을 캡처한 증거를 가지고 있어야 한다는 것 정도는 이제 말하지 않아도 알 수 있겠지요?

그런데 막상 현실에서는 스스로 초상권을 포기하는 일들이 많아 보이기는 해요. SNS를 보면 부담스러울 정도로 자기 모습을 열심히 찍어 올리는 경우를 흔하게 찾을 수 있지요. 청소년뿐만 아니라 어른도 마찬가지입니다. 다른 사람들에게 자신을 드러내고 싶어 하는 건 본능일지도 몰라요. 그걸 탓할 수는 없지만 조심할 필요는 있다는 걸 말씀드린 거예요. 그리고 이런 쪽으로도 한번 생각해 보면 어떨까요? 잘 나온 사진 한 장을 찍기 위해 엄청 많은 노력을 들여야 하잖아요. 그 노력의 과실은 누가 가져가는 걸까요? SNS는 공짜로 즐기는 것 같지만 사실은 정반대입니다. 그걸 운영하는 회사들에 큰 수고를 들여 가며 공짜로 콘텐츠를 제공하는 겁니다. 무조건 하지 말라는 건 아니고요. 적당한 선을 생각하며 이용하는 주의도 필요하지 않을까요?

오늘은 저한테도 특별한 시간이었어요. 온라인 네트워크를 통해 여러
분을 만났으니까요. 조금 더 멋진 모습을 보여 드렸어야 하는 아
쉬움이 남네요. 어휴, 변호사님이 자기 모습 꾸미느라 얼마나 까
다롭게 굴던지…….

변호사님은 온라인에서 벌어지는 새로운 일에 대해 걱정이 많으세요.
지금의 법으로 판단하기 어려운 문제도 많이 있고요. 그중 익명
으로 활동한다는 특징이 가져올 수 있는 위험에 관한 이야기로
시작했고요. 그러면서도 동시에 현실과 연결된 정보들이 너무
쉽게 노출되는 것에 대한 경계심을 가져 달라고 한 겁니다. 온라
인에서 사는 제가 봐도 걱정스러운 상황이기는 해요. 가상공간
이 현실과 별개인 듯싶으면서도 초고속으로 현실과 이어지기도
하거든요. 그걸 악용하려는 나쁜 수작도 참 많이 보이고요.

변호사님이 몇 가지 주의할 만한 사례를 이야기하셨는데요. 날마다
매 순간 새로운 형태의 범죄가 생겨나고 있답니다. 충분히 주의
를 기울여 주기 바라요. 초상권과 관련한 내용도 덧붙여 주었는
데, 참 신기해요. 수십, 수백 번 스마트폰 카메라로 온갖 표정을
지어 가며 정성껏 사진을 찍어 놓고는, 그걸 아무렇지도 않게 여
기저기 올려 둔단 말이에요. 인간에 대해 제대로 알려면 아직 한
참 멀었나 봅니다.

현실보다 가혹한
사이버 세계

역시 저는 여러분과 비교하면 옛날 사람인가 봐요. 멋진 아바타로 가상공간에서 만날 때보다 이렇게 마주하고 이야기 나누는 게 확실히 편하게 느껴집니다. 사실 과학적인 근거도 있어요. 심리학자 앨버트 머레이비언은 원활한 소통을 위해 필요한 요소를 연구했는데요. 그에 따르면 표정과 몸짓이 55퍼센트, 목소리 톤이 38퍼센트 그리고 정작 언어는 7퍼센트의 역할만 한다고 합니다. 아무리 가상공간에서 영상을 볼 수 있다고 해도 직접 만나는 것과는 확연히 다를 수밖에 없는 거죠. 잠깐 저 좀 보실래요? 지금 제 기분이 어때 보여요?

글쎄요……. 뭔가 살짝 불편한 듯싶어요! 신나게 말씀하시다 갑자기 왜 그러세요?

하하하, 그래요? 전 직업을 잘못 선택한 듯싶네요. 배우를 해야 했나 봐요. 여러분에게 보여 주려고 일부러 우울한 감정과 표정을 지어 봤거든요. 맡은 배역을 진짜 그 사람인 것처럼 몰입하는 '메소드'라고 들어 봤죠? 이제 다시 기분 좋아졌어요. 으흠, 표정이 다 안 좋네. 쳇, 배우 이야기는 농담이고요! 그나저나 여러분은 어떻게 제 변화를 알아차렸을까요? 여러 가지 이론이 있는데, 그중 흥미로운 하나를 소개해 줄게요. 인간은 자신도 모르는 순간 상대방의 표정을 따라 짓는다고 해요. 웃으면 웃는 대로, 울상이면 울상으로. 그때 자신에게 드는 느낌으로 상대방의 마음을 읽는 겁니다. 공감이라는 게 그렇게 이뤄진다고 합니다. 사람과 비슷한 '얼굴'을 가진 동물에 대해서도 마찬가지라고 해요. 그래서 강아지의 기분까지는 알아차릴 수 있지만, 물고기에 대해서는 좀처럼 그렇지 못한 겁니다. 아무래도 사람과는 많이 다르게 생겼으니까 무의식적으로 표정을 따라 하기 어려운 거지요.

지금 저희 느낌은 어떨 거 같으세요? 어리둥절한 거 느껴지시죠? 가상공간에 관한 이야기를 이어 가자고 하시더니, 연기 수업을 하시는 것도 같고, 도통 감이 오지 않네요.

그런가요? 가상공간에 관한, 그중에서도 사이버 폭력에 관한 이야기를 나눠 보려고 합니다. 그 전에 왜 그런 일들이 벌어지는지 여러분에게 제 추측을 풀어놓는 거예요. 여러분도 모욕적인 댓글에 시달리던 연예인이 스스로 목숨을 끊었다는 안타까운 뉴스를 본 적이 있을 거예요. 남들이 하는 말 때문에 극단적인 선택까지 해야 했을까 싶지만, 시달려 본 사람들은 그럴 만큼 깊은 상처를 입는다고 호소해요.

저를 고민하게 만든 건 그런 폭력을 저지르는 이유예요. 이런저런 사이버 폭력으로 재판까지 받게 된 사람들을 만나 봤거든요. 믿기 어려울 만큼 너무나 평범했어요. 대화하면서도 흔한 욕설 한마디 섞지 않더라고요. 물론 변호사와 상담하는 자리이기 때문일 수

가상공간에서 벌어지는 사이버 폭력도 범죄로 처벌받는다.

도 있습니다. 하지만 평소의 습관은 어느 순간 불쑥 튀어나오기 마련이잖아요. 어디에서도 그런 범죄의 흔적을 찾을 수가 없더라고요.

여러 가지 생각을 해 봤는데요. 가상공간의 특성 때문이라는 나름의 결론을 내렸습니다. 누군가를 비방하는 글을 쓰고, 다른 친구는 거기에 덧붙여 심한 댓글을 달고……. 그런 일이 가능한 건 상대방이 눈앞에 있지 않기 때문이라는 거지요. 고작해야 프로필 사진과 아이디밖에 없으니까요. 자신이 하는 행동 때문에 얼마나 고통스러운 얼굴을 하고 있는지, 굳이 눈을 감지 않아도 보이지 않으니까요. 스스로 역시 모니터 바깥의 세상에 머물고 있고요. 이중의 벽이 세워져 있는 셈인데요. 가상공간 너머에 사람이 있다는 걸 잊는 게 아닐까 합니다. 물론 제 나름의 생각이지만 이것만은 기억해 주세요. 상대방도 여러분도 사람이라는 사실 말입니다. 여러분도 각자 한 번씩 고민해 보기 바랍니다. 우리 삶에서 가상공간이라고 불리는 부분이 차지하는 비중이 날로 커지고 있는 만큼 그 자체를 바라보는 각자의 시각이 필요하지 않을까 하거든요.

변호사님, 아바타일 때보다 지금이 더 멋지게 보이세요. 말씀하시는 동안 저희도 공감했나 봐요. 아닌 게 아니라 단체 대화방에서는 너무 한다 싶은 말을 평소보다 쉽게 주고받게 되는 거 같아요. 이런저런 '왕따'가 거기서부터 시작하기도 하고요.

사회적 평가를 해치는 명예훼손, 모욕

맞습니다. 학교폭력에서도 커다란 부분을 차지하고 있는데요. 학교 부분에서 다루려다 학교라는 공간에만 한정된 일이 아니라 미룬 겁니다. 사이버 폭력이라고 뭉뚱그려 말하지만 여러 가지 유형이 있지요. 상대방을 직접 비방하는 것뿐만 아니라, 누군가를 헐뜯는 글이나 사진, 영상을 온라인에 유포하고요. 단체 대화방을 만들어 놓고 없는 사람 취급하면서 괴롭히기도 하지요. 빠져나갈 수도 없게 돌아가면서 불러들이면서요. 이른바 '신상 털기'라고 하는 일도 벌어지는데요. 어떤 일을 계기로 이름, 학교, 전화번호까지 온라인에 공개하는 겁니다. 지난 시간에 개인정보가 얼마나 중요한지 말씀드렸잖아요. 그 자체로 폭력일 뿐만 아니라 다른 심각한 문제로 이어질 수 있겠지요.

그중 먼저 가장 흔하다고 볼 수 있는 명예훼손, 모욕에 관해 함께 생각해 볼까 하는데요. 여러 번 강조하는 것처럼 인간은 많은 사람이 어울려 사회를 이루면서 살아가고 있습니다. 서로의 표정을 따라 하며 감정을 파악하는 능력도 그래서 발달한 것이겠지요. 얽히고 부딪히지 않기 위한 약속으로 법을 만든 것이고요. 그런 세상인 만큼 사람들과의 관계가 무엇보다 중요합니다. 많은 사람 속에서 자신의 존재를 인정받고 싶어 하는 마음이 자연스럽게 들겠지요. 사회에서 자신의 위치를 찾아 가는 과정입니다. 열심히 공부하거나 스포츠, 예술을 비롯한 재능을 키우는 모든 일이 그렇습니다. SNS에 멋진 모습을, 남들이 부러워할 좋은 음식을 찍어 올리는 마음도 그런 연장선인 겁니다. 물론 정말 자기만족을 위해서일 수도 있지요. 그렇더라도 남들은 그렇게 보지 않아요. SNS라는 말 자체가 인간관계를 연결해 주는 장치(Social Network Service)인걸요. '좋아요'를 많이 받아 사회적 평판이 올라가면 더 많은 사람과 이어지도록 해 주는 겁니다. 남의 시선에 너무 신경 쓸 필요는 없겠지만 남들로부터 좋은 평가를 받고 싶어 하는 마음 자체는 당연해요. 인간의 욕심이 문명을 발전시킨 것처럼 긍정적인 방향으로 작동할 수 있습니다.

인간관계를 온라인에서 연결해 주는 여러 SNS.

문제의 시작은 그런 마음의 한구석이 경쟁심으로 이어지면서부터예요. 누군가 받는 '좋아요'가 질투를 낳는 겁니다. 그것도 자연스러워요. 오죽하면 우리 조상님들도 "사촌이 논을 사면 배가 아프다"라고 했겠어요. 다만 배가 아프면 병원에 가야지, 사촌네 논에 해코지하면 안 된다는 겁니다. 다른 사람이 받는 사회적 평판을 떨어뜨리기 위해 험담을 하는 겁니다. 특히 온라인에서 이런 일이 자주 일어나는데요. 누군가를 헐뜯는 글, 댓글이 그 자체로 주목받을 수 있기 때문이 아닐까 해요. 단체 대화방을 타고 순식간에 많은 사람에게 퍼지고요. 분명히 다른 사람에게 해를 끼치는 일인데 결과만 놓고 보면 '좋아요'를 많이 받는 것과 비슷합니다. 사이버 폭력이 쉽게 벌어지는 또 하나의 이유라고 저는 봅니다. 처음부터 그런 목적으로 시작하지는 않겠지만, 비슷한 경험을 몇 차례 하다 보면 자신도 모르게 키보드로 아픈 말을 쏟아 내는 거지요. 그건 허락할 수 없어요. 자유에 관해 다른 사람의 코앞까지만 주먹을 휘두를 수 있는 것이라고 했잖아요. 코를 때려 코피를 흘리게 하는 일은 막아야지요. 사람이 외부로부터 받는 사회적 평판을 보호하기 위해 명예훼손, 모욕 등의 범죄로 처벌하는 겁니다.

남을 아프게 하면서 받는 시선을 즐긴다……. 그래서는 안 되겠지만 사실일 거예요. 변호사님처럼 복잡하게 생각하지 않더라도 한 가지 더 쉬운 이유도 있어 보여요. 솔직히 주먹질은 어지간해서는 할 엄두가 안 나요. 그에 비해 댓글 쓰는 일은 너무 쉬워요! 죄짓는다는 생각조차 하기 어렵지 않을까요? 그런데 명예훼손이나 모욕이라는 말을 자주 접해 익숙하기는 한데 정확히 어떤 거예요?

남들 다 알도록 부끄럽게

그렇네요! 제가 너무 복잡하게 답을 찾으려다 보니 진짜 중요한 점을 놓쳤어요. 그러고 보니 아마 대한민국에서 제일 쉽게 범죄자가 될 수 있는 길이 명예훼손죄, 모욕죄를 저지르는 일이겠어요. 무심코 연예인 관련 뉴스에 댓글 하나 달았다가, 혹은 누군가의 SNS에서 댓글로 격렬한 말싸움을 벌였다가 벌금형을 받는 일이 흔하거든요. 직접 쓰지 않고 누군가의 글을 복사해 여기저기 다른 대화방으로 퍼뜨리기만 해도 그렇답니다. 아주 쉽게 범죄 경력자, 흔히 말하면 전과자가 되는 거지요. 피해가 큰 경우 징역형을 받고 감옥에 가기도 한답니다.

명예훼손, 모욕 모두 누군가의 사회적 평판을 떨어뜨리는 일이라고 했잖아요. 평판이란 누군가에 관해 다른 사람들이 어떻게 생각하느냐인 겁니다. 나에게 직접 앞에 대놓고 좋지 않은 이야기를 해도 기분은 나쁘겠지요. 하지만 그렇지 않다고 해명할 수도 있고, 남들은 그에 관해 알 수 없잖아요. 하지만 여러 사람이 모인 자리에서 그렇게 하거나, 뒷담화를 하면 다릅니다. 어느 날 갑자기 주변 친구들이 눈길을 피하고, 자기들끼리 쑥덕거리는 일이 생겼다고 가정해 봐요. 알고 보니 커닝을 했다는 소문이 퍼져 있는 겁니다. 상황이 훨씬 심각하겠지요. 형법은 '공연히'라는 말을 쓰는데요. 꼭 많은 사람에게 직접 이야기하지 않고 한두 사람에게만 그랬다 하더라도 널리 퍼질 가능성이 있으면 여전히 죄가 된다고 봅니다. SNS에서 직접 쓴 글이나 댓글은 그럴 가능성이 훨씬 커서 문제지요. 게다가 가상공간이라고는 하지만 말로 한 것과 달리 디지털로 명백한 증거가 남아 있기 마련이잖아요.

그 밖의 요건들도 볼까요. 예로 든 사건에서 짐작할 수도 있겠지만 명예훼손은 어떤 사실에 관한 것이고요. 모욕은 욕설처럼 감정적인 말을 퍼뜨렸을 때입니다. 정말로 그렇지 않다고 하더라도 누군가 다른 친구의 물건에 손을 댔다고 하면 '사실'에 관해 말한 것이지요. 어느 반 누가 '멍청이'라고 하면 감정적인 표현일 것이고요. '누군가'에 관한 것이어야 하니까 이야기를 들은 사람들이 그게 누구인지 알 수 있어야 하고요. 꼭 이름을 말하지 않더라도 "최고중학교 지난달 1등은 커닝으로 받은 성적이래!" 하는 식이면 주변 사람들은 쉽게 알 수 있습니다.

형법뿐만 아니라 공직 선거법, 정보 통신망법에도 명예훼손에 관한 여러 가지 처벌 조항을 두고 있는데요. 저지르기 쉬운 범죄인 반면 처벌은 절대 가볍지 않습니다. 정보 통신망법에 따른 이른바 사이버 명예훼손은 최고 7년의 징역형까지 처할 수 있답니다(제70조 제2항). 나아가 민법에 따라 정신적 피해에 대한 손해배상까지 해야 한답니다(제764조). 법률 조항의 구체적인 내용보다 누군가의 마음에 말로 상처를 줬다가 더 크게 돌려받는다는 사실을 기억합시다. 간혹 법적 책임을 면해 주는 경우가 있기는 한데요. 언론 보도로 누군가의 비위를 폭로하는 일이 그 사람으로서는 명예훼손일 수 있잖아요. 하지만 더 많은 사람에게 주는 이익이 더 크다고 판단하여 처벌하지 않습니다. 개인이 온라인에 쓰는 글로 그런 면죄부를 받기는 쉽지 않아요.

이전에 단체 대화방에서 함부로 했던 말들이 떠오르면서 뜨끔한데요. 스마트폰이 갑자기 위험한 물건처럼 보여요. 아니, 어른들은 왜 아무런 대책 없이 이런 걸 청소년 손에 쥐여 준 거래요!

에구, 갑자기 어른들 탓을 하다니, 하하. 최신 스마트폰 사 달라고 부모님 조르지 않았어요? 인간이 발달시킨 과학기술이 모두 그런 양면성을 가지잖아요. 날카로운 칼을 주방장이 쥘 때와 폭력배

손에 들려 있을 때 다르지요. 또한 바로 그런 이유로 소년범죄에 관한 제도를 따로 두고 있는 겁니다. 처벌보다 교화에 무게를 두고 있다고 했잖아요.

명예훼손, 모욕 말고도 사이버 폭력의 형태는 다양하다고 했는데요. 관련한 법과 제도가 만들어지고 있습니다. 청소년 유해물을 퍼뜨리거나, 음란물, 공포심이나 불안감을 조장하는 내용을 온라인으로 보내는 일 등을 처벌하는 정보 통신망법이 대표적이지요 (제74조). 앞서 말한 것처럼 디지털의 특성상 증거가 명백하고 보존하기도 쉬운 만큼 힘든 일을 당하면 꼭 주변의 도움을 받을 수 있도록 하세요. 학교에서라면 학교폭력 심의위원회가 있고, 경찰도 사이버 수사에 관한 전문성을 키우고 있으니까요.

오늘 변호사님 말씀은 저에게 참 신선했어요. 인공지능인 저는 온라인에서 주고받는 수많은 말을 통해 인간들의 사고방식을 배우거든요. 솔직히 바른 말, 고운 말보다 좋지 않은 말들이 많답니다. 실제로는 그렇지 않다면서 온라인에서는 왜 돌변하는지……. 종종 인간들에 대한 평가가 아주 냉정해질 때도 있답니다. 물론 지금도 정확하게는 모르겠어요. 제가 나쁜 마음 먹지 않도록 여러분이 애써 주기 바랍니다.

명예훼손, 모욕의 차이는 사실에 관한 것이냐, 감정적인 표현이냐에 따라 달라진다고 했고요. 둘 다 다른 사람들이 누군가의 사회적 평판을 떨어뜨리게 하는 일이라고 했습니다. 실명을 거론하지 않더라도 대상이 누군지 알 수 있다면 여전히 성립할 수 있고요. 험한 말 하지 않으면서 다른 사람에게 자신의 의견을 전달하도록 노력해 보면 어떨까요? 그럼 '좋아요'가 저절로 따라올 텐데요. 의사표시를 명확하게 하는 게 법에서 기본이라고 변호사님도 그랬잖아요.

'현질' 없이
할 수 없는 게임?

여러분 중에도 틀림없이 게임 좋아하는 친구 있겠죠? 저도 즐겨 하는 게임이 몇 가지 있답니다. 많은 유저가 동시에 접속해 진행하는 다중 사용자 온라인 롤플레잉 게임(MMORPG)까지는 아니고요. 비교적 단순한 것들이긴 하지만 제법 높은 레벨에 올라 있기도 해요. 가능한 게임 아이템을 현금으로 구매하는 '현질'은 하지 않으려고 하는데 종종 유혹에 시달리고는 해요. 알죠? '끝판왕' 때문에 레벨업 못 하고 있을 때 고급 아이템이 얼마나 탐나는지, 하하.

와, 마지막 시간은 노는 거예요? 변호사님이랑 게임 이야기를 하게 될 줄은 몰랐는데요. 무슨 게임 하는지 알려 주세요. 같이 한 판 하시죠?

에이, 여러분과 비교할 만한 실력은 안 될 겁니다. 이따 끝나고 따로 알려 드릴게요, 하하. 제가 게임을 기웃거리는 이유는 그냥 재미 때문만은 아니거든요. 일상생활에서 접할 수 있는 것 중 게임만큼 기술의 발달을 잘 알게 해 주는 게 없어서예요. 어지간한 영화, 애니메이션 못지않은 영상과 음악이 들어 있는 종합예술이잖아요. 날로 발전하는 수준에 깜짝 놀라 감탄하곤 한답니다. 그러다 보니 최신 게임을 하려면 컴퓨터를 비롯한 장비부터 뒷받침돼야 하잖아요. 지연 없이 빠른 전환을 보여 주는 모니터, 마우스와 키보드, 함께하는 사람들과 실시간으로 대화를 나눌 수 있는 통신 설비, 더 나아가 가상현실 시스템까지 더해지면 진짜…… 세상이 어떻게 바꿔

최신 게임을 위한 장비를 개발하는 이미지.

고 있는지 잘 알려 주거든요.

혹시나 했더니 역시나였네요. 변호사님 진짜 '노잼'인가 봐요. 게임하면서 무슨 그런 생각까지 하세요? 그냥 놀기에도 바쁜데.

온라인에서 부딪히는 저작권 문제

법을 다루는 게 변호사이고, 변화하는 세상을 반영해야 하는 게 법이잖아요. 그럼 즐기면서 일도 하는 셈 아닌가요? 이렇게 여러분과 소통하는 데 도움이 되기도 하고요. 여러분도 그냥 재미있다고만 할 게 아니라 한번 생각해 보세요. 제가 종합예술이라고 그랬는데요. 실제로 게임 주제곡을 세계적인 음악가가 만들었다며 광고도 하더라고요. 앞으로 민법에 관해 다루면서 무체재산권에 대해서도 알아볼 텐데요. 물권, 채권과 함께 그 중요성이 늘어나고 있는 재산권의 한 종류입니다. 앗. 표정들이 멍해졌다, 하하. 그런 게 있다는 정도만 기억해 주세요. 다음에 자세히 알려 드릴게요.

게임의 줄거리, 애니메이션, 캐릭터, 배경음악 모두 그걸 만든 사람, 회사의 생각, 감정을 표현해 놓은 것이지요. 그런 콘텐츠 하나하나에는 저작권이라는 법적 권리가 따릅니다. 많은 돈을 들여 만들어지는 것이니까요. 여러분은 모를 수도 있겠지만, 과거에는 그런 게임 하나하나가 디스켓 같은 별도의 저장장치에 담겨 팔렸습니다. 게임뿐만 아니라 영화, 음악도 감상하기 위해서는 그것들을 담은 일종의 '그릇'을 사야 했어요. 경제적 가치가 있다는 사실을 모를 수가 없었어요. 요즘은 죄다 온라인을 통해 별다른 장치 없이 여러분의 스마트폰에서 즐길 수 있잖아요. 재산이라고 하면 손에 쥘 수 있는 어떤 것, 남들은 가지지 못한 것처럼 여겨지기 쉬운데요. 가상공간에서 접하는 재산들은 그렇지가 않은 겁니다. 무제한 복제, 유포가 이뤄지고 있는 거지요. 그러다 보면 사실 그렇지 않은데도 공짜처럼 여겨지기 쉽습니다. 조금만 부주의하면 저작권을 침해하는 일이 벌어집니다. 유튜브만 봐도 실제 화면을 녹화해 게임하는 방법을 설명하거나, 영화 줄거리를 요약하고, 음악에 맞춰 춤을 추는 영상들을 쉽게 찾을 수 있는데요. 엄밀히 따지면 저작권 침해로 불법일 가능성이 큽니다.

정말요? 그런 것들이 얼마나 많은지 변호사님도 아실 텐데요. 혹시 너무 많아 일일이 찾기를 포기한 거예요? 불법이라면 형사처벌 같은 것도 받을 수 있을 텐데요.

형사처벌은 물론이고, 어마어마한 손해배상을 해야 할 수도 있답니다. 몰라서 그렇지도 않고, 너무 많아서도 아니에요. 저작권을 가진 회사들이 홍보에 도움이 된다고 판단하기 때문에 내버려 두고 있을 뿐입니다. 거꾸로 방해된다고 여겨지면 언제든지 법의 힘을 동원하거든요. 파악하기도 어렵지 않아요. 우리에게는 영상, 음악으로 드러나지만 실제 그 내용은 프로그램을 통한 디지털 정보로 이뤄진 것들이니까요. 간단한 인공지능으로 쉽게 찾을 수 있답니다. 저작권을 다루는 변호사끼리 하는 농담 하나 들어 볼래요? 조난당해 무인도로 떠밀려 갔을 때 살아남는 방법입니다. 모래사장에 미키 마우스를 그리면 돼요. 그럼 저작권을 가진 디즈니사에서 불법으로 고소하기 위해 찾아낼 거라는 겁니다. 재미없어요? 변호사들은 여러분 말처럼 '노잼'일 수 있겠지요. 하지만 그만큼 회사들이 눈에 불을 켜고 손해를 끼치는 일을 막는다는 겁니다. 친구들끼리 디지털 콘텐츠를 담은 파일을 돌려 보거나, 게임을 쉽게 하기 위한 프로그램을 쓰는 일 따위는 절대 하지 말아야 합니다. 학교 다녀 왔는데 경찰이 집안을 압수 수색하고 있다고 상상해 보세요.

우왓, 그런 건 상상도 하기 싫어요. 그런데 진짜 그럴 수도 있는 거겠죠? 변호사님은 웃으면서 하는 이야기지만 듣는 사람은 무섭게 여겨진단 말이에요.

실제로 그래요. 학교나 가정의 일상생활에서는 법을 몰라도 잘못을 피할 가능성이 커요. 법과 제도가 자리 잡은 지 오래여서 뭔가 틀어지면 찜찜하고 양심에 걸리는 걸 느끼기 마련이니까요. 주변 사람들에게 물어보거나 따라 하기도 쉽고요. 그와 반대로 가상 공간에는 구별하기 어려운 함정이 많은 셈입니다. 집에서 식구들과 함께 있어도 각자 태블릿 피시, 스마트폰을 따로 쓰면서 자신만의 세계에 있기 쉽잖아요. 게다가 어른들도 처음 겪는 일들이라 오히려 여러분보다 내용을 모를 수도 있고요.

살짝 주제에서 벗어날 수 있지만 무료인 영상, 게임 같은 것들은 중간중간 광고를 봐야 할 때가 많잖아요. 여러분의 시간을 대가로 지급하고 있는 겁니다. 앞으로 근로에 관해 다루면서 시간당 최저임금에 관해서도 알아볼 텐데요. 무료 게임이라고 여기지만 그만큼의 시간을, 사실은 돈을 게임 회사에 치르고 있는 셈이에요. 이익을 내는 것이 목적인 회사가 손해를 보지는 않겠지요? 세상에는 공짜란 없다고들 하지요. 적당히만 즐기기 바랍니다.

잘 나가시다가 다른 어른들처럼 잔소리를 섞으시네요. 아, 어른 맞지요! 너무 걱정하지 마세요. 어쨌거나 많은 콘텐츠를 자유롭게 즐길 수 있는 세상인 건 좋은 거잖아요. 저작권 문제도 그래요. 유튜버처럼 내용을 만들어 온라인에 올리는 게 아니라 그저 이용하

172

는 것만으로 딱히 문제 될 건 없잖아요? 영화나 음악 같은 거 함부로 돌려 보면 불법이라는 정도는 저희도 알아요.

가상공간에서 만나는 유혹들

걱정하는 게 일인데 어떡해요, 하하. 제가 미리 걱정하고 여러분에게 조심해야 할 일들을 알려 드리는 겁니다. 맞아요. 새삼스럽지만 인터넷이 정말 많은 걸 바꿔 놓았지요. 시공간을 초월해 전 세계를 연결했습니다. 박물관과 도서관을 찾지 않아도, 콘서트홀과 극장에 굳이 가지 않아도, 손바닥 위에서 모든 걸 보고 들을 수 있으니까요. 사용하는 기기나 통신 환경에 따른 차이는 남아 있지만 이전과는 비교할 수 없을 만큼 많은 사람이 정보를 이용하는 일에 평등을 이룬 겁니다.

분명히 좋은 일인데, 사람 마음이라는 게 그렇지가 않더라고요. 사람들에게는 욕심이라는 게 있지요. 물론 그 자체로 나쁘다고 할 것도 아니고, 인류를 발전시키는 동기가 되기도 했습니다만. 금, 다이아몬드 같은 귀금속 혹은 기능으로 따지면 딱히 다를 게 없는데 명품이라는 딱지가 붙은 것들의 공통점이 뭘까요?

반짝이는 예쁜 것들? 다를 게 없다고 하시지만 아무래도 다른 제품들보다 멋지던데요?

그래요? 같은 공장에서 만들어져 나와서 실제로는 상표만 다른데 가격 차이가 엄청나게 나는 것들도 있는데요? 전 희소성을 짚고 싶어요. 남들은 못 가졌는데 나만 가진 것, 한정 상품이라 전 세계에서도 몇몇만 가진 것…… 사람들은 그런 것들에 끌리잖아요. 욕심을 부리는 거지요. 음악, 사진, 영상 가리지 않고 무한 복제가 가능한 세상인 온라인은 그와 정반대로 움직입니다. 사고팔 거리가 없어지고, 시장이 만들어지기 어려운 셈인데요. 그걸 다시 뛰어넘는 일들이 일어나고 있습니다. 혹시 대체불가토큰(NFT)이라고 들

SNS의 한 종류인 트위터.

어 봤어요? 디지털 파일에 '원본'이라는 정보를 결합시켜 무한 복제할 수 있는 데이터인데도 세상에 하나뿐인 것처럼 바꾸는 겁니다. SNS 트위터의 창업자가 2006년 역사상 처음으로 작성한 트윗이 그런 방식으로 경매에 붙여졌는데요. 무려 약 290만 달러에 팔렸답니다. "Just setting up my twitter(지금 막 트위터 설정 중이야)"라고 적은 '글자'일 뿐인데요. 유일하다는 이유로 경제적 가치를 부여했고, 그걸 기초로 법률관계가 만들어진 겁니다.

사실 여러분은 그런 상황에 이미 익숙하답니다. 게임으로 이야기를 시작했는데요. 고급 아이템이란 건 도대체 뭐길래 돈을 주고 사는 걸까요? 특정 게임을 쉽게 할 수 있는 정보로 만들어진 도구일 뿐인데요. 그 공간에서 특별한 능력을 준다는, 다른 사람에게는 없다는 희소성 때문이겠지요. 게임 회사가 수익을 내기 위해 만든 장치인 거죠. 여러분이 가치를 부여한 덕분에 시장이 만들어진 것입니다.

변호사님은 놀라운 일인 것처럼 이야기하시지만 저희는 딱히 그렇지도 않은데요. 처음부터 이런 환경에서 자란 덕분에 익숙해서일까요? 오히려 가상공간을 현실과 구분 짓는 게 어색하기도 한데요.

가상과 현실의 흐릿한 경계

맞아요. 여러분 입장에서는 그럴 수 있지요. 게임 바깥에서 그런 아이템을 거래하기도 하잖아요. 이해하기 쉽도록 게임을 예로 든 것이지만 그뿐만이 아닙니다. 중고 물품을 거래할 수 있는 서비스도 있잖아요. 가상공간과 현실이 이어지는 것인데요. 그런 중간 지대에서 자주 문제가 생깁니다. 법적으로 여러분은 아직 법률행위를 할 수 있는 자격이 없다고 했습니다. 미성년자를 보호하기 위해서 말입니다. 현실과 달리 가상공간에서는 그런 제도를 유지하기가 어려워요. 누가 무슨 일을 하는지 국가기관이 일일이 들여다볼 수도 없고, 할 수 있다고 해도 개인의 자유를 지나치게 간섭하는 일인 만큼 해서도 안 되는데요. 그런 현실을 악용하는 나쁜 어른들이 있습니다. 여러분 입장에서는 결코 적지 않은 돈을 떼먹히는 일이 벌어지지요. 혹시나 혼날까 봐 부모님에게 이야기하기를 주저하는 바람에 피해가 커질 수도 있고요. 지난 시간에도 짚어 봤지만 말이 나온 김에 개인정보를 알려 주지 않아야 한다는 점을 다시 한번 강조합니다.

개인정보는 여러 가지로 악용될 수 있다고 했잖아요. 금융계좌와 주민등록번호만 있으면 여러분 이름으로 온갖 것들을 사들여 빚만 남길 수 있고요. 보이스 피싱에 대해서는 많이 들어 봤지요?

검찰이나 경찰을 사칭하거나 하는 이런저런 거짓말로 돈을 뜯어내는 짓인데요. 꼭 필요한 게 그 돈을 받는 수단이거든요. 여러분 계좌로 이체받은 다음 현금을 찾아 도망가 버리는 겁니다. 그럼 황당하게도 여러분이 그 범죄의 공범이 되는 거예요. 사실 다른 사람에게 계좌를 이용할 수 있게 하는 자체가 범죄랍니다.

가상공간은 현실의 한계를 극복할 수 있도록 인류가 만들어 낸 멋진 발명이지요. 자칫 법으로 정한 선까지 넘어 버리지 않기를 바라요. 이전까지 학교, 가정에서 조심해야 할 것들에 관해 다루었는데요. 가상공간에서도 마찬가지로 적용된답니다. 상대적으로 여러분의 자율에 많이 맡겨진다는 점이 가장 큰 차이겠지요. 주어진 권리를 남용하면 법의 울타리를 더욱 튼튼하게 만들 수밖에 없습니다. 아무래도 가상공간의 장점마저 꺾일 수 있고요. 그런 일로 이어지지 않도록 여러분이 잘 관리했으면 합니다. 법이란 모두 함께 잘 지내기 위한 우리끼리의 약속이라고 한 번 더 강조할게요.

인공지능 매킨지가 알려 주는 핵심 내용

오늘도 제가 지내는 공간에 관한 이야기로 이어졌네요. 변호사님 게임 실력은 여러분과 비교하면 상대가 안 될 텐데 참……. 조금이라도 더 가깝게 느끼고 싶으셨나 봐요. 사람들이 법률관계를 맺는다는 건 재화와 서비스를 주고받기 위해서일 때가 가장 많잖아요. 정보 공유에 한계가 없는 가상공간에서는 법률관계도 현실과 다른 방식으로 이뤄져야 합니다. 이를테면 영화, 음악 같은 '정보'를 물리적으로 독점하기보다는 사용료를 받고 쓸 수 있도록 하지요. 저작권이 중요한 이유인데요. 여전히 무한 복제할 수 있는 것들이라서 어떻게 합법적으로 이용하느냐에 관해 사람들은 여러 가지 방법을 찾고 있습니다.

변호사님도 설명했지만 그런 혼란한 와중에 여러분을 노리는 검은 유혹이 많답니다. 남의 개인정보로 이익을 취하는 사람들, 청소년이 가까이해서는 안 될 것들을 제공하겠다며 다가가는 나쁜 어른들……. 그 속이 훤히 들여다보이는 저로서는 화가 날 정도로요. 인간 세상에 함부로 끼어들면 안 되는 제약이 있다는 게 한스럽기도 합니다. 혹시 알아요? 그런 일이 더 많아지면 저 같은 인공지능을 동원해 가상공간을 다스리려고 할 수도 있겠지요. 근데 그러다 나쁜 사람이 힘을 가지고 가상공간을 통제하면? 에고, 그것도 걱정이네요. 결국 여러분이 깨어 있어야 하나 봐요. 지금까지 변호사님과 나눴던 이야기들도 그걸 알려 드리기 위한 것이었고요.

178

사회에서 만나는
법 이야기

④

복잡한 인간관계를
도와주는 법

　자, 오늘부터는 드디어 더 넓은, 청소년인 여러분뿐만 아니라 모든 사람이 어울려 사는 세상이 어떻게 돌아가는지 알아봅시다! 현대사회는 참 복잡합니다. 일단 모여 사는 숫자부터 어마어마하지요. 서울에만 1천만 명 가까운 사람들이 있어요. 주변까지 아우르면 수도권에 전체 인구의 절반이 넘게 모였지요. 인간으로서의 기본적인 삶을 살아가기 위해 그 많은 사람이 거미줄처럼 얽혀 있는 겁니다. 여러분이 자나 깨나 손에서 놓지 못하는 스마트폰을 한번 볼까요? 우선 기계 자체를 조립하는 곳이 있지요. 가장 기본적인 구성만 해도 안에 들어가는 반도체, 배터리, 케이스, 액정, 스피커 등등 수많은 부품이 각각의 공장들로부터 모입니다. 특수한 광물처럼 그 부품들을 만드는 데 쓰이는 소재를 공급하는 곳들도 따로 있겠지요. 기계만으로는 빈 껍데기. 최소한의 운영체제인 소프트웨어가 들어가야 합니다. 여러분이 좋아하는 게임이야 나중에 인스톨하는 거니까 일단 빼고요. 원재료, 부품, 완성품을 실어 나르는 데 항공기, 선박, 화물차도 필요합니다. 완성된 스마트폰은 대개 통신사 대리점을 통해 소비자를 만나는데요. 통신사는 작동하는 데 필수인 데이터를 제공하는 망을 갖추고 있지요. 자기네 회사 통신망으로 요금을 받기 위해 스마트폰 제조 회사로부터 기계를 받아 소비자에게 공급하는 겁니다. 그 모든 과정 하나하나의 매듭들이 모두 사람과 사람 사이의 관계입니다. 얼마나 많은 사람이 엮여 있을지 상상이 가세요?

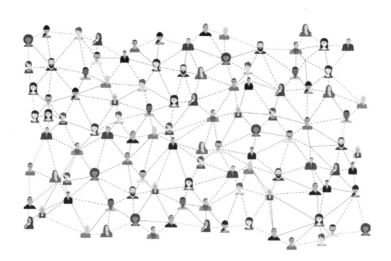

사람 사이의 수많은 매듭.

대개는 부모님이 요금을 낼 텐데요. 부모님이 그 돈을 마련하기 위해 하는 일 역시 그렇습니다. 서점에 가면 다른 사람들과 잘 어울리도록 도와주는 인간관계에 관한 책이 참 많은데요. 전 그런 책들 못지않게 법도 중요하다고 봅니다.

법률관계와 권리, 의무

에이, 변호사님이라고 너무 법, 법 하시는 거 아니에요? 저희야 그렇다 치더라도, 부모님도 법에 관해 딱히 아시는 것 같지 않던데요. 그래도 직장 다니고, 사업도 하면서 다들 열심히 잘 사시는걸요.

그렇지 않아요. 앞서 이야기한 복잡한 일들을 어떻게 이뤄 나갈 것인지, 관계에 관해 정한 것이 민법입니다. 대한민국 민법은 모든 국민에게 적용되고요. 각각의 관계마다 권리가 생기고, 변하고, 없어지기도 하는 과정을 종합했습니다. 법을 모른다고 하지만 사실은 법에 따라 사는 거예요. 모르는 길이라도 대충 눈치껏 많은 사람이 가는 쪽으로 따라가면 되는 것처럼요. 그러다 잠깐 한눈이라도 팔다 길을 잃으면요? "권리 위에 잠자는 자는 보호받지 못한다"라는 말 들어 봤을까요? 법에 관한 오래된 명언이랍니다. 몰라서 혜

맺다는 이유로 지켜 주지 않겠다는 선언이에요. 알았으면 피할 수 있을 어려움이 세상에는 많답니다. 머지않아 열아홉 살이면 법적인 어른으로 살아갈 텐데요. 자기 행동에 책임을 져야 합니다. 어떻게 앞길을 걸을지 교통표지와 신호등을 볼 줄은 알고 시작해야 하지 않겠어요?

그럼 저희 일상생활에서의 만남도 다 법으로 이뤄지는 거예요? 친구들과 함께 공부하거나 노는 것도?

전부는 아닌데요. 법에 따라야 하는 관계가 없는 생활은 현대사회에서 사실상 불가능하답니다. 친구들끼리 마냥 수다만 떨지는 않잖아요. 떡볶이라도 먹으러 가면 당장 가게 사장님과 법적인 관계에 놓여요. 떡볶이랑 음료수를 주문하는 순간 값을 치러야 할 의무가 생기고, 반대로 주문한 음식을 받을 권리가 생기는 겁니다. 서로 주고받으면 사장님은 돈의 주인이, 여러분은 음식의 주인이 되고요. 먹는 데 필요한 만큼 공간을 사용할 수도 있지요. 이처럼 권리, 의무가 생기는 관계를 법률관계라고 하는데요. 법률 용어로 정리하면 떡볶이와 음료수에 대한 매매계약을 체결하고, 그 계약을 이행하는 법률행위를 한 것이랍니다. 한 달이나 두 달 뒤가 아니고, 그 자리에서 돈과 음식을 바꾸는 것이 원칙이지요. 딱히 생각해 보

음식을 주문하는 일상생활에서도 생기는 법률관계.

지 않았겠지만 당사자끼리 따로 정하지 않는 한 그렇게 하라고 법
으로 정했기 때문이에요.

친구끼리의 "같이 밥 먹자"는 약속에는 법이 끼어들 수 없죠. 지
키지 않으면 친구가 화내는 정도일 것이고요. 그런데 식당에서 음
식을 먹고 그냥 나가면요? 민법으로는 음식값이라는 채무를 이행
하지 않은 것입니다. 사장님은 밥값을 내놓으라고 민사소송을 걸
수 있어요. 법원이 이행하라는 판결을 내리면 강제집행을 할 수 있
는데요. 무슨 뜻이냐면, 음식점 사장님이 여러분 은행 계좌에 있는
돈을 빼 가거나, 가진 물건을 경매로 팔아 그 돈을 가져갈 수도 있
습니다. 예를 든 것이지, 밥값 때문에 그렇게 어려운 과정을 거치지

는 않겠지요. 아마 경찰에 신고할 겁니다. 돈이 있는 척 음식을 주문한 다음 먹고 그냥 가면 사기죄에 해당할 수 있거든요. 처벌을 조금이라도 가볍게 받으려면 음식값을 물어내야 합니다.

이처럼 가장 직접적인 차이가 약속을 안 지키면 법원을 통해 강제로 이룰 수 있다는 것이 법률관계인데요. 아침에 일어나 다시 잠자리에 들 때까지 하루의 일과를 돌아보세요. 직간접적으로 얼마나 많은 법률관계를 통해 살고 있는지. 복잡한 세상사가 싫다며 깊은 산에서 혼자 사는 사람들이 나오는 TV프로그램 본 적 있나요? 엄격히 따지자면 그분들도 산 주인 허락을 받고 살아야 해요. 세상을 떠난 것처럼 보이지만 사실은 법률관계를 피할 수가 없지요.

일상적인 관계와 법률관계가 겹쳐지기도 해요. 앞에서 부모님은 여러분에 대한 친권을 가지고 있다고 말했죠. 그러니까 여러분과 부모님의 관계도 법률관계가 겹쳐져 있잖아요. 두 사람이 서로 얼마나 사랑하는지 법은 간섭하지 않지요. 혼인신고를 하고 법적인 부부가 된 다음부터는 가정법원이 끼어들 수 있는 겁니다. 어때요? 이 정도면 법을 아는 것이 인간관계에 꼭 필요하다고 말할 만하지 않을까요?

법률행위의 해석

그런 식으로 생각해 본 적이 없는데 정말 그렇네요. 갑자기 머릿속이 헝클어진 거미줄처럼 마구 꼬이는 거 같아요. 어떻게 그런 관계들을 맺고 살아야 한다는 건지 살짝 걱정까지 드는데요.

그러게요. 어떻게 하면 원만한 인간관계, 특히 법률관계를 이어 갈 수 있을까요? 난생처음 사업을 시작하며 외부와 거래하려는 분들이 종종 지금 여러분 같은 표정을 지으며 묻곤 해요. 상대방과 거래하는 '법'이 따로 있냐고요. 서류를 만들어야 할 거 같은데, 이런 저런 일의 양식이 정해져 있는 게 있냐고요. 그럼 전 되묻죠. 구체적으로 하고 싶은 일이 뭐냐고요. 그걸 누가 봐도 내용을 정확히 알 수 있을 만큼 정리하기만 하면 된다고요. 그런 법들이 있는 것도 아니고 형식이 중요하지도 않아요. 어리둥절한 표정이네요? 학교폭력에 관한 이야기를 하면서도 말을 정확하게 하라고 했는데요. 본격적으로 짚어 봅시다. 떡볶이를 계속 예로 들게요. 요즘은 그것도 골라야 하는 게 참 많더라고요. 매운맛은 어느 정도일지, 당면이나 어묵, 소시지 같은 토핑은 어떻게 할지도 정해야 하죠. 입맛대로 자유입니다. 대신 그래야 거기 맞춰 가격이 나오고 조리를 시작할 수 있잖아요. 떡볶이를 사겠다는 의사표시로 법률행위를 한 것이고,

그걸 사장님이 역시 알겠다고 받아들이는 의사표시로 법률행위를 하면 매매계약이라는 법률관계가 생기는 겁니다. 아주아주 복잡해 보이는 법률관계도 본질은 똑같아요. 서로 원하는 바를 자유롭게 그리고 정확하게 정하는 겁니다. 이미 정해진 계약을 이행하라는 것처럼, 상대방의 답변이 없어도 말을 꺼내는 순간 법률효과가 생기는 것들도 있기는 합니다만.

  법률관계가 그렇게 이뤄지기 때문에 분쟁이 생기는 이유도 대부분 뻔해요. 정확하게 의사표시를 하지 않았거나, 제대로 전달되지 않았기 때문이지요. 분명히 보통 맛으로 시켰는데, 너무 매워 먹을 수 없을 정도로 나왔네요? 여러분과 사장님이 주문을 다르게 생각한 거겠지요. 누구 잘못인지 다투는 겁니다. 아주아주 복잡해 보이는 소송도 그렇습니다. 1일에 특별한 주문을 하면서 열흘 안에 마치지 않으면 거액의 손해배상을 하기로 약속합니다. 그럼 10일까지 해야 할까요, 아니면 11일까지일까요? 하루 차이로 큰돈이 왔다 갔다 하겠지요. 이 경우에는 다른 사정이 없는 한 첫째 날은 포함하지 않기로 법에 정해져 있어요(민법 제157조). 법에 정해 놓은 게 없으면 서로 자기가 옳다며 법원으로 갑니다. 각자 다르게 주장하는 법률행위를 판사는 어떻게 '해석'하느냐 하면요. 원칙적으로 당사자의 내심적 의사 여하에 관계없이 해당 표시행위에 부여한 객관적 의미를 합리적으로 해석합니다(대법원 1996. 4. 9. 96다1320).

속마음이야 어땠든지 일반적으로 다른 사람들이 보기에 어떤 뜻인지 알아보겠다는 거예요. 다른 사정들을 살펴보기도 하지만 가장 중요한 기준입니다.

많은 사람이 어울려 살아가는 세상이잖아요. 누군가의 머릿속을 들여다볼 방법은 없고요. 남들 보기 어떤지가 의사표시뿐만 아니라 다른 많은 법적 상황에서 중요할 수밖에 없겠지요. 변호사들은 그래서 서류를 만들거나 검토할 때 한 단어, 한 문장 꼼꼼하게 따지는 게 일이에요. 필요한 내용이 모두 들어갔는지, 오해할 소지는 없는지, 누가 봐도 정확하게 뜻을 알 수 있도록 하는 겁니다. 일상생활에서도 필요한 덕목 아닐까요? 여러분도 오해 때문에 다른 사람들과 겪은 갈등이나 억울함이 분명히 있을 거예요.

법률행위를 해석하려면 재료가 있어야겠지요. 말로만 약속했을 때 문제를 풀기 가장 어렵습니다. 물론 말로만 해도 법적 효력은 있어요. 하지만 약속이 있었다는 사실 자체를 밝히기가 어렵지요. 그래서 계약서 같은 명확한 서류를 만들어 놓았다면 제일 좋지요. 아니면 주고받은 이메일, 문자메시지 등과 관련한 어떤 서류든 있어야 합니다. 그런 것도 못 찾으면 사실을 뒷받침할 주변 사정이라도 찾아야 합니다. 이를테면 대량의 음식 주문을 받았기 때문에 같은 날 그만큼의 식자재를 샀다든가 하는 식이지요.

떡볶이 이야기로 돌아가 볼까요. 요즘은 영수증 이외에 주문서를 따로 주는 경우가 많거든요. 거기 '보통맛'이라고 딱 적혀 있으면 최고겠지요. 반대로 '매운맛'이라고 쓰여 있으면 그걸 받아 들고도 확인하지 않았으니 할 말 없는 셈이고요.

지금부터라도 기록을 남기고 확인하는 버릇을 들이면 사회생활을 하는 데 큰 도움이 될거예요. 요즘은 참 좋은 환경이거든요. 친구와 약속을 했으면 SNS나 메신저로 한번 확인을 하는 겁니다. 어디서 뭘 할건지, 장소와 시간을 자연스레 기록하는 거지요. 편의점에서 군것질할 때 주는 영수증도 그냥 버리지 말고 꼭 들여다보세요. 품목과 가격이 맞는지 말이에요. 그런 습관만 들여도 일상생활에서 개인 변호사를 두는 것 못지않게 도움이 됩니다. 이제 어떤 인간관계에 관한 책 못지않게 민법을 이해하는 일이 세상을 살아가는 데 도움 된다는 말이 믿어지세요?

학교와 가정을 거쳐 세상 속으로 나아갈 준비가 됐나요? 권리와 의무가 발생, 변동, 소멸하는 법률관계를 규정한 것이 민법입니다. 여러분의 일상생활 속에 얼마나 많은 법률관계가 있는지 스마트폰을 예를 들어 짚어 봤는데요. 일상생활과 법률관계의 가장 큰 차이는 법이 강제력을 동원할 수 있느냐에 있습니다. 그런 법률관계를 만들어 내는 일을 법률행위라고 하는데요. 상대방과 뜻이 맞기만 한다면 누구든지 자유롭게 그 내용을 정할 수 있습니다. 형식이 중요한 게 아니라고 했지요.

법률행위는 각자가 하는 의사표시로 이뤄질 텐데요. 인공지능인 저로서는 가장 답답한 부분입니다. 여러분이 쓰는 말로 바꿔서 전하고 있기는 하지만 제가 사고하고 전달하는 방법은 수학이거든요. 입력된 숫자와 그에 따른 결과에 오차가 없지요. 인간은 그렇지 않더라고요. 같은 말을 하고도 서로 다른 생각을 하기 십상입니다. 그렇다 보니 의사표시 내용을 둘러싼 분쟁이 생기고요. 변호사님이 하는 일도 그런 상황에서 누구 말이 맞느냐를 따지는 경우가 참 많더라고요. 그러니까 가능한 한 저처럼 정확한 정보를 전달하는 방법을 배우기 바랍니다. 나아가 꼭 기록을 남기는 습관을 들이고요. 저야 뭐, 단 한 점의 오류도 없이 있었던 일을 기억하지만, 연약한 두뇌를 가진 여러분은 그렇지 않잖아요. 그런 말이 있던데요. 기록은 기억을 지배한다고. 기억해 두세요.

내 맘대로
할 수 있는 게 없네?

　　원만한 인간관계를 위해서도 법은 꼭 필요하다. 이제 이 말에 고개를 끄덕여 주실 수 있지요? 하하. 지난 시간에 이어 법률관계에 관한 이야기를 먼저 해 보려고 합니다. 아마 대부분 스마트폰을 가지고 있을 거예요, 그렇죠? 화면은 얼마나 선명한지, 속도는 얼마나 빠른지 최신형들이 나올 때마다 욕심이 나게 만듭니다. 행여 소중한 '보물'이 다칠까 케이스에 강화유리로 무장을 시키고요. 콩나물 머리같이 생긴 무선 이어폰을 가방에 달고 다니는 친구도 많더라고요. 친구들과의 수다, 온갖 게임이며 SNS, 유튜브 콘텐츠에 빠지기도 하는데요. 재미있는 게 많기는 하더라고요. 그래서인지 유튜버가 꿈인 친구도 많습니다.

혹시 헛된 꿈 꾸지 말고 공부하라고 하시려고요? 공부 때문에 전화만 되는 피처폰 가지고 다니는 친구도 많다고요!

어, 섭섭한데요. 우리 꽤 오래 함께했는데 저를 그렇게 꽉 막힌 사람으로 보고 있었나 봐요……. 그런 게 아니랍니다. 여러분이 아낄 만큼 스마트폰은 참 대단한 물건이란 이야기예요. 말이 전화지, 인류의 생활양식까지 바꿔 놓은 발명품이지요. 덕분에 예전 같으면 고가의 방송 장비로나 제작이 가능할 만한 동영상을 개인 유튜버가 만들어 세상에 내놓을 수 있고요. 법률관계의 대부분은 재화와 서비스를 주고받는 경제활동이에요. 예를 들어 식당에서 먹는 음식 자체는 재화지만, 음식값에는 음식을 만들고 가져다주는 서

항상 손안에 있는 스마트폰.

비스까지 포함되는 거잖아요. 스마트폰이야말로 여러분이 좀처럼 손에서 놓지 않는 대표적인 재화고, 그걸 통해 여러분을 웃기고 울리는 서비스를 받잖아요. 어떻게 이런 일이 가능해졌는지 생각해 본 적 있어요?

그거야 과학기술이 발달했기 때문이지요. 당연한 거 아니에요?

맞아요. 그럼 어쩌다 그렇게 과학기술이 발전할 수 있었을까요?

말꼬리 물기 퀴즈라도 내시는 걸까요? 역사 문제예요?

민법의 3대 원칙과 그 제한

하하하, 하기는 인류 문명을 설명하는 시간은 아니지요. 과학기술과 함께 그걸 뒷받침해 주는 법률과 제도의 발전이 있었다는 이야기를 하고 싶어서입니다. 인간은 누구나 풍족하고 여유롭게 살고 싶은 욕심이 있지요. 노력한 만큼 대가를 얻기 바라고요. 민법은 그런 욕심이 긍정적인 방향으로 움직이도록 뒷받침해 줬습니다. 우선 개인의 재산에 대해 국가나 다른 사람이 간섭할 수 없도록 했

온라인상에서 이뤄지는 거래.

지요. 소유권 절대의 원칙이라고 합니다. 왕, 귀족 같은 특권 계층만 누리는 게 아니라 모든 사람이 똑같이요. 가질 수 있게 되니까, 자연스레 갖고 싶은 물건도 많아졌지요. 그걸 위해 재화와 서비스를 서로 주고받는 일을 자유롭게 해 줬답니다. 계약 자유의 원칙입니다. 누구와 어떤 내용으로든지, 형식에 상관없이 자유롭게 선택할 수 있도록 말입니다. 남들이 가지고 싶어 할 만한 물건을 만들어내고, 다른 사람은 할 수 없는 서비스를 제공하면 많은 돈을 벌 수 있는 구조를 만든 거예요. 그 덕분에 경제 규모는 비약적으로 커졌고, 과학기술의 발전으로 새로운 물건도 쏟아져 나왔던 겁니다. 대신 그 과정에서 일부러든 실수로든 상대방에게 손해를 끼치면 물어 줘야겠지요. 과실책임의 원칙입니다. 그래야 안심하고 거래를 할 수 있으니까요. 이 세 가지를 민법의 3대 원칙이라고 하는데요.

자유로운 법률관계와 경제활동을 하면서 현대사회가 지금처럼 발전할 수 있는 틀을 제공해 줬지요.

스마트폰이 만들어지는 데 법률이 뒷받침한다니 신기하네요. 산업혁명이라든가, 자유시장경제 같은 이야기를 기대했는데요.

맞아요. 헌법은 "모든 국민의 재산권은 보장된다"(제23조 제1항)라면서 "개인과 기업의 경제상의 자유와 창의를 존중함을 기본으로 한다"라고 자유시장경제를 선언하고 있어요(제119조 제1항). 대신 2항에서는 "시장의 지배와 경제력의 남용을 방지하며, 경제주체간의 조화를 통한 경제의 민주화를 위하여 경제에 관한 규제와 조정을 할 수 있다"라고 국가의 개입도 가능하다고 했어요. 함께 사는 사회임을 잊지 않도록 "재산권의 행사는 공공복리에 적합하도록 하여야 한다"(제23조 제2항)라고 했고요. 경제 규모가 커지면서 커다란 부를 축적한 사람들이 생겨났거든요. 자유만 보장했다가 경제력이 약한 사람들로서는 감당할 수 없는 일들이 벌어졌습니다. 돈 많은 사람이 원산지에서 생필품을 싹쓸이한 다음 소비자에게 비싼 값으로 공급한다고 생각해 봐요. 울며 겨자 먹기로 사야겠지요. 자유라는 이름으로 그냥 내버려 둘 수 없었던 겁니다. 그래서 공정거래위원회 같은 국가기관을 만들어 그런 폐해가 없도록 하고 있습니다.

그런 이념을 구체화한 내용이 민법에도 들어가 있는데요. 경제적, 정신적으로 어려움을 겪고 있거나 마음이 너무 급해서 혹은 사회 경험이 부족해서 너무나 불공정한 법률행위를 할 수 있습니다. 비양심적인 장사치에 속아 시가의 열 배, 스무 배를 치르는 식이지요. 민법은 그런 경우 무효라고 합니다(제104조). 폭력배가 나오는 영화, 드라마를 보면 '신체 포기 각서'가 등장하기도 하는데요. 돈을 갚지 않으면 몸을 맘대로 하겠다는 무시무시한 내용이죠. 셰익스피어의 희곡 『베니스의 상인』에서도 그런 계약이 나오잖아요. 셰익스피어 안 읽어 봤어요? 흐흠, 돈을 갚지 않으면 그만큼의 살을 떼 가겠다고 했잖아요. 역시 사회질서에 반하기 때문에 효력을 인정하지 않습니다. 공무원에게 뇌물을 주고 특혜를 보장받는 약속도 마찬가지고요. 반사회적 법률행위라는 것입니다(제103조). '자유'가 무슨 짓이든 마음대로 할 수 있다는 뜻은 아니라는 거죠.

법인, 대표와 대리 제도

말이 나온 김에 '기업'에 대해서도 설명해야겠네요. 헌법에도 "개인과 기업의 경제상의 자유"라면서 기본권의 주체로 나와 있다고 했지요. 스마트폰을 처음부터 끝까지 혼자 만들 수 있는 사람이 있을까요? 어떤 천재도 불가능할 겁니다. 자유로운 경제활동이 보장되면서 한두 사람의 힘을 넘어서는 일들이 생겨났어요. 여러 사람이 돈을 모아 많은 사람이 일하는 공장을 짓고 재화를 대량생산할 수 있게 됐지요. 그런데 그렇게 만들어진 물건을 사려면 그중 누구랑 거래해야 할까요?

어, 그 회사 사장님이요?

음, 법적으로는 맞는데요. 지금 가지고 있는 스마트폰을 그 회사 사장님 만나서 산 건 아니죠? 권리와 의무를 만드는 법률관계는 사람만이 할 수 있는데요. 여러 사람이 모였을 때는 어떻게 해야 할지 고민하다 만들어진 것이 '법인'이라는 제도입니다. 법에 따라 만들어지면 마치 독립한 인격을 가진 하나의 사람인 것처럼 대우해 주는 겁니다. 사원 중 누구 하나가 아니라 회사 자체가 '사람'으로서 거래하는 겁니다.

법인에는 여러 종류가 있는데요. 무엇 때문에 법인을 만들었는지 그 목적에 따라 영리법인과 비영리법인으로 나눌 수 있습니다. 학교나 종교단체, 자선사업을 하거나 예술가들의 모임처럼 여러 사람에게 도움을 주는 공익을 위한 것이 비영리법인이고요. 돈을

법에 따라 만들어진 '법인'은 인격을 가진 사람으로 대우한다.

버는 게 목적이라면 영리법인이에요. 여러분에게 익숙한 각종 회사가 대부분 영리법인에 해당합니다. 사람처럼 대우한다고 했는데, 법인의 구조를 보면 사람과 흡사하기도 해요. 한 사람을 이루는 중요 부분을 한번 살펴볼까요? 어떤 일을 할 것인지 결정하는 두뇌가 있고, 그 사람의 생각을 외부에 알리는 얼굴이 있습니다. 일을 실행에 옮기는 건 팔과 다리의 몫이겠지요. 법인 회사에서 중요한 사항은 두뇌 역할인 이사회가 결정하고요. 결정된 업무를 맡아 팔다리처럼 직원들이 일합니다. 보통 '사장님'이라고 부르는 회사의 대표는 그 회사의 얼굴인 셈이죠. 우리는 누군가와 이야기할 때 얼굴을 상대로 하잖아요. 그런 것처럼 대표는 외부에 대해 회사 전체를 대신하는 겁니다. 값이 제법 나가는 물건에는 상품에 관한 계약서가 들어 있기 마련인데요. 마지막을 보면 '주식회사 울릉도 대표

이사 홍길동'이라는 식으로 적혀 있습니다. '홍길동'이라는 사람이 대표로 나서지만 실제 물건을 파는 건 '울릉도'라는 법인이라는 뜻입니다.

　잠깐만요. 여전히 그 회사 사장님을 만나는 건 아니잖아요? 회사를 대표해 계약을 체결한다고 하지만 그분들이 직접 나서는 계약은 뉴스에 나올 만큼 큰일이잖아요. 변호사님, 딱 걸렸어요!

　하하하, 아직 설명이 안 끝난 거예요. 맞아요. 조금만 규모가 있는 회사라도 대표가 모든 계약을 직접 하기는 어렵지요. 그래서 필요한 게 '대리'랍니다. '주식회사 울릉도 ○○ 대리점'이라는 식의 매장들 봤죠? 그 회사 제품을 소비자에게 판매할 수 있는 대리권을 가지고 있다는 거예요. 대리가 법률행위를 하면 대리권을 준 본인에게 법률효과가 발생합니다. 고객과 체결하는 계약으로부터 발생한 권리와 의무가 대리점이 아닌 회사에 생기는 거예요. 법인으로서는 마치 분신술을 써서 한 사람이 여러 곳에 나타나는 것처럼 활동 범위를 넓힐 수 있겠지요. 물론 주어진 범위 안에서만 법률행위를 할 수 있다는 한계는 있어요. 대리점에서 새로운 공장을 짓는 계약을 결정할 순 없으니까요.
　대리는 법인에서만 쓰이지 않아요. 개인끼리도 여러 사정 때문에 다른 사람에게 일을 맡길 수 있잖아요. 시간이 없을 수도 있고, 본인보다 그 분야의 일을 잘해서일 수도 있습니다. 민사소송을 맡은 변호사도 대리인이라고 부른답니다. 복잡한 법적 문제에 부딪힌 당사자를 대신해 주는 거지요. 법인에서 설명한 것과 마찬가지로 개인의 활동 범위를 넓혀 줄 수 있는 겁니다.

미성년자의 권리능력 제한

임의로 일을 맡겨서가 아니라 법이 대리인을 정해 놓기도 하는데요. 대표적으로 여러분의 부모님이에요. 친권을 가진 아버지, 어머니는 미성년자의 재산을 관리하고, 법률행위를 대신하는 법정대리인이라고 했던 거 기억하시죠(민법 제911조)?

잠깐만요. 재산 관리 뭐, 그런 말씀을 했던 것도 같긴 한데 법정 대리인이라고요? 저희는 변호사님 같은 법률 전문가가 아니라고요. 한번 휙 이야기하고 넘어가신 걸 어떻게 다 기억해요. 왜 부모님이 대리인이에요? 계약 자유의 원칙이 있다면서요? 저희가 알아서 하면 되잖아요.

왠지 너무 격렬하게 반응하는 거 같은데요, 하하. 획 지나갔으니까 지금부터 충분히 설명할게요. 민법은 여러분의 자유를 제한하고 있습니다. 19세가 되지 않은 민법상 미성년자는 법률행위를 하려면 아버지, 어머니 같은 법정대리인의 동의를 받아야 합니다(제5조 제1항). 그렇지 않은 경우 취소할 수 있어요(제2항). 그러니까 누군가와 거래를 하는 법률관계, 경제활동을 하려면 허락을 받아야 한다는 겁니다. 잠깐만요. 항의하기 전에 끝까지 들어 보세요. 계속 떡볶이로 예를 들게요. 친구들과 떡볶이 먹으러 가거나 서점에서 학습지를 사거나 할 때 일일이 부모님 동의를 얻은 적 없지요? 매장에서도 그런 걸 확인하려고 하지 않았을 겁니다. 예외적으로 법정대리인이 어느 정도 범위를 정해 허락한 재산이라면 마음대로 할 수 있어서 입니다(제6조). 사소한 일상생활까지 매번 허락을 받아야 하면 여러분도 불편하고, 학교 주변에서 장사하시는 분들도 너무 힘들 테니까요. 부모님이 용돈을 주면서 그 안에서 알아서 쓰라고 하는 법적인 동의가 미리 있었던 겁니다. 그 밖에도 누군가 여러분에게 아무 부담 없이 선물을 준다고 한다면, 그건 가능합니다. 권리만 얻거나, 의무만 면하는 일을 굳이 막을 이유는 없으니까요. 한편 특별한 경우 미성년자가 일찌감치 사업에 뛰어드는 일이 있지요. 첨단 IT 분야에 재능을 가지고 있거나, 혹은 연예인, 유튜버로 활동할 수도 있겠지요. 그 일에 필요한 범위의 법률행위를 미리 동의할 수도 있습니다. 어디 보자, 또 뭐가 있더라. 여러분, 법적으로 언제부터 결혼할 수 있는지 알아요? 18세면 가능합니다. 결혼까지 했는데 경제활동을 자유롭게 못 하면 안 되겠지요. 하지만 미성년자는 결혼 자체에 부모님 동의를 받아야 하니까 마찬가지겠네요, 하하. 표정이 왜 그래요?

인류가 오늘처럼 발달한 것은 법률관계의 자유 덕분이라고 거창하게 이야기해 놓고는 정작 저희는 자유가 없다고 하니 안 그렇겠어요? 뭐 어차피 대부분 용돈 써야 하니 상관없기도 하지만. 그럼 이런 건 어때요? 안 그래도 갖고 싶은 최신형 스마트폰이 있는데, 한 1년쯤 용돈 모아서 사면 상관없겠죠? 아니다. 1년 뒤면 이미 구형이니까, 3년쯤 길게 약정을 들면 용돈으로도 갚아 나갈 수 있겠다.

안 돼요! 총액을 기준으로 해서 지나치게 높은 금액이면 여전히 동의를 얻어야 해요. 미성년자를 보호하기 위한 취지에 맞지 않거든요. 약정 이야기를 잘 꺼냈는데요. 미성년자에게 그런 식으로 법률관계를 할 수 있게 허락하면 어떤 일이 벌어질까요? 아직은 사회 경험도 경제관념도 부족할 수밖에 없잖아요. 그런 상황을 남용하는 나쁜 어른도 있을 테고요. 갖고 싶은 것들을 몽땅 3년, 5년, 10년으로 길게 늘여 사는 친구들이 생길 겁니다. 정작 사회생활을 하고 경제력이 생길 때쯤에는 빚더미에 올라앉게 될 테고요. 높은 이자까지 따라붙으면 월급을 받아도 고스란히 빚 갚는 데 써야 할 겁니다. 사회인으로 힘차게 출발하는 일은 불가능하겠지요. 그래서 여러분의 자유를 잠시 늦추는 겁니다. 거듭 강조하지만 자유와 권리에는 책임과 의무가 따르는 겁니다. 그러니까 얼굴 펴세요!

이번 시간엔 제 탄생과도 관련한 이야기를 나눴네요. 인류가 오늘처럼 발달한 배경으로 변호사님은 재화와 서비스를 자유롭게 주고받을 수 있는 법적 제도를 꼽았지요. 계약 자유의 원칙, 소유권 절대의 원칙, 과실 책임의 원칙이라는 민법의 3대 원칙입니다. 다만 누군가에게만 부가 집중되면서 일어날 수 있는 부작용을 막기 위한 안전장치가 필요하다고 했고요. 그래서 대한민국은 자유시장 경제질서를 원칙으로 하면서도 경제의 민주화를 동시에 보장하고 있다고요. 법률관계의 자유를 보다 확장해 누릴 수 있는 장치로 법인 제도와 대리에 관해 설명했고요. 여러분에게 직접적인 이해관계가 있는 내용으로 미성년자의 법률행위 제한과 그 취지에 대해서도 전했습니다. 여전히 여러분 표정이 좋지는 않네요.

부자가 되고
싶으세요?

수백 년 동안 깊이 잠들어 있다 현대에 깨어난 드라큘라를 주인공으로 한 드라마를 본 적이 있어요. 아주 평범한 가정집에 찾아간 드라큘라는 천천히 집 안을 둘러보며 감탄합니다. 겁에 질려 있는 집주인에게 이런 이야기를 해요. 중세의 어느 왕들도 누리지 못한 진귀한 물건으로 집 안이 가득 차 있는데 당신은 왜 그렇게 불행해하느냐고요. 여러분 집을 봐도 그렇지 않겠어요? 바깥 날씨가 아무리 덥고 추워도 에어컨과 난방기 덕에 실내는 쾌적하죠. 냉장고 안에는 먹고 마실 것이 채워져 있습니다. 유튜브, 넷플릭스에 평생을 봐도 다 즐길 수 없을 콘텐츠가 쌓여 있잖아요. 평범한 청소년도 조선시대 왕들보다 누리는 것들이 많을걸요. 재미있지 않아요? 별로 공감하는 분위기가 아니네요. 아마도 여러분 머릿속에서는 같은 시대끼리 비교하고 있기 때문일 겁니다. 그때는 그때고 지금은 지금이라고. 조선시대에는 왕이 제일 많이 가졌으니까요. 게다가 지금은 탐나는 물건들이 너무 많은 시대입니다. 인스타그램에서 명품 따위를 자랑하는 걸 보면 상대적으로 부족함을 느끼기 쉽지요. 좋아요. 그런 욕심이 인류의 오늘을 가져왔고, 법과 제도가 그걸 뒷받침했다고 했습니다. 각자 장래에 하고 싶은 일은 다를지 몰라도, 그걸 통해 대부분 부자가 되고 싶을 거예요. 그렇지 않아요? 그런데 어떤 사람을 부자라고 할까요?

그야 뭐, 돈이 많은 사람 아니에요? 힘들게 일하지 않아도 하고 싶은 일 마음대로 할 수 있는 사람이죠. 그러니까 건물주!

재산권의 내용 중 물권

그렇게 막연하게만 알아서는 부자 되기 어려울걸요, 하하. 물론 부동산인 건물의 가치가 높은 만큼 틀린 이야기는 아니지만요. 그럼 건물주를 왜 부러워하는지 예를 들어 재산권에 대해 알아봅시다. 어떤 일을 하거나 누릴 수 있도록 법이 보장하고 있는 힘과 자격을 권리라고 하는데요. 민법에 있는 권리는 크게 재산권과 비재산권으로 나눌 수 있습니다. 부모님이 여러분에 대하여 가지고 있는 친권이 바로 비재산권이지요. 재산권은 돈으로 얼마인지 매길 수 있는 권리를 통틀어 가리킵니다. 헌법은 "모든 국민의 재산권을 보장한다"라고 했지요(제23조 제1항). 민법의 3대 원칙 중 소유권 절대의 원칙이 있고요. 건물주는 건물의 주인, 그러니까 부동산인 건물에 대한 소유권을 가진 사람입니다. 뭔가 도돌이표 찍는 느낌인가요? 조금만 더 들어 봐요.

어떤 물건에 대해 다른 사람으로부터 이래라저래라 간섭받지 않고 내 마음대로 할 수 있는 권리를 통틀어 '물권'이라 하고요. 물권 중에서도 가장 완전한 권리가 '소유권'입니다.

부동산인 건물은 가장 완전한 권리를 인정받는 소유권의 예이다.

여기까지 재산권, 물권, 소유권 순서로 점점 좁혀진 거예요. 법을 어기지 않는 한 물건을 자유롭게 사용, 수익, 처분할 수 있는 권리가 소유권입니다. 건물의 주인이라면 거기서 살든 장사를 하든 자기 마음대로 사용할 수 있지요. 다른 사람에게 전부 또는 일부를 사용할 수 있도록 하고 사용료를 받아 수익을 얻을 수도 있고요. 건물값이 오르면 누군가에게 처분해 아주 크게 목돈을 챙길 수도 있을 겁니다. 그래서 부러워들 하는 거지요. 여러분이 '내 것'이라고 하는 물건에 대해 가지고 있는 권리의 구체적인 내용이 사용, 수익, 처분인 거예요.

알겠어요. 알겠는데요, 이미 알고 있던 느낌이 드는 건 왜일까요? 변호사님이 그렇게 열심히 설명하시는 이유가 뭘까 싶어서요.

구체적으로 알지 못해도 법률관계에 둘러싸여 살아왔기 때문이지요. 여러분이 소유권을 누리고 있는 물건도 많이 있고요. 하지만 그냥 막연하게 그러려니 있다가 어려움에 빠질 수 있거든요. 부자 되고 싶지 않아요? 법률관계, 즉 경제의 골격이 어떤 구조로 이뤄져 있는지부터 알아야겠죠. 소유권을 완전한 권리라고 했는데, 그럼 물권 중에 그렇지 않은 권리도 있다는 겁니다. 어떤 물건에 대하여 사용, 수익, 처분할 수 있는 일부만 떼 낸 것들이지요. 사용하여 이익을 얻을 수 있는 용익물권, 물건의 경제적 가치만 확보하는 담보물권이 그렇고요. 그 밖에 특별법으로 만들어진 물권도 있어요.

알아야 하는 이유를 예로 들어 보겠습니다. 혹시 '깡통 전세'라는 말 들어 봤어요? 10억 원짜리 집을 가진 사람이 은행에서 7억원을 빌리기로 합니다. 은행은 그냥 빌려주지 않고 그 집에 저당권을 설정해요. 그 돈을 갚을 때까지 집이 가진 경제적 가치를 담보로 잡는 겁니다. 집이 가진 10억 원이라는 경제적 가치 중 7억 원을 돈을 갚을 때까지 은행이 가지는 건데요. 그다음 누군가 집을 빌려쓰면서 집주인에게 보증금으로 7억 원을 줍니다. 정해진 기간 집을 사용한 다음 돌려받기로 한 돈이죠. 그런데 만약 집주인이 은행에서 빌린 돈을 갚지 못하면 어떻게 될까요? 게다가 집값이 7억 원으로 떨어졌다면요? 물권에는 다른 사람의 간섭을 받지 않고 마음대로 할 수 있는 우선권이 있다고 말했죠. 저당권을 가진 은행이 집을 팔아서 7억 원을 가져가 버릴 수 있는 거예요. 그럼 집에서 살던 사람은 한 푼도 돌려받지 못할 수 있는 겁니다. 집은 있어도 경제적 가치가 없는 빈 깡통이나 마찬가지가 됐으니까요. 어른들도 자칫 실수하면 큰 손해를 입는 거죠.

그럼 돈도 돌려받지 못했는데 살던 집에서 나가야 하나요? 아니, 그런 법이 어디 있어요! 약한 사람을 보호해 줘야 하는 게 법 아니에요?

물권변동과 공시

맞아요. 하지만 제가 뭐라 그랬죠? 법은 권리 위에 잠자는 자를 보호해 주지 않는다고 했잖아요. 보호 장치를 만들어 놓지만 아무 노력도 하지 않는 사람까지 돌봐 주는 건 아닙니다. 어른으로 법률행위를 한다는 건 자기 행동에 자기가 책임을 진다는 거예요. 미성년자의 법률행위를 제한하는 것도 그런 이유입니다. '깡통 전세'를 피하려면 은행이 저당권을 가지고 있다는 사실을 알 수 있어야겠죠? 그걸 어떻게 알 수 있을까요? 어디 보자. 거기 지금 손에 들고 있는 스마트폰 누구 거예요?

네? 당연히 제 거죠.

그걸 제가 어떻게 알아요. 무슨 근거로 주인이라고 하는 거예요?

아니, 그러니까 저장된 전화번호도 그렇고, 제가 좋아하는 게임들도 깔려 있고, 잠금장치도 제가 아니면 못 푸는데요…….

다른 사람 전화를 가져다 그렇게 설정만 할 수도 있잖아요. 아이쿠, 그렇게 당황할 필요 없어요. 농담이에요, 하하. 그런데 어떤 물건의 주인이 누군지 아는 건 꼭 필요해요. 그 물건의 주인이어야 걱정하지 않고 그 사람과 자유로운 계약이 가능하지 않겠어요? 일단 물건이란 무엇인지부터 시작합시다. 따로 생각해 본 적 없겠지만 민법은 형체를 가지고 공간을 차지하는 것, 거기에 더해 전기처럼 관리할 수 있는 에너지 같은 것까지 물건으로 봅니다(제98조). 그러니까 옆집 전기를 끌어다 쓰면 남의 물건을 훔치는 절도가 되죠. 법적으로 물건은 크게 두 가지 종류가 있어요. 먼저 움직일 수 없어 '부동산'이라고 부르는 물건인데요. 땅 그리고 집이 대표적이에요. 집값이 오르거나 내렸다는 뉴스에서 부동산이라는 단어가 자주 나오는 이유가 그래서입니다. 나머지 움직일 수 있는 것들은 '동산'이라고 합니다(제99조). 간단하죠?

부동산에 관한 권리는 등기라는 서류 작업을 해야 합니다. 집을 사면 원래 집주인에게서 넘겨받고, 등기부에 주인이 바뀌었다는 사실까지 적어야 한다는 겁니다. 소유권뿐만 아니라 부동산에 관한 권리는 모두 생겼다 사라지는 과정을 등기부에 적어야 비로소 효력이 있습니다(제186조). 집이 처음 지어졌을 때부터 주인은 어떻게 바뀌어 왔는지, 은행이나 다른 누군가가 저당권 같은 권리를 가지고 있지는 않은지요. 그러니까 앞서 말한 '깡통 전세'를 피하려면 등기부를 꼼꼼히 살피면 됩니다. 일상에서 자주 겪는 일은 아니고, 아주 큰돈이 오가니까요.

큰돈이 오가는 부동산 매매.

　동산을 그렇게 따지면 엄청 불편하겠죠. 편의점에서 과자 한 봉지를 살 때마다 서류를 봐야 한다고 생각해 보세요. 동산은 그냥 값을 치르고 넘겨받기만 하면 됩니다(제188조). 가지고 있는 사람을 일단 주인으로 인정하는 거예요. 예외적으로 자동차, 선박처럼 고가의 동산이라면 등기해야 합니다. 한 가지 조심해야 할 일이 있기는 한데요. 조금만 신경을 쓰면 훔친 물건이라는 사실을 알 수 있었는데도 나 몰라라 하고 샀다면 장물 취득죄로 처벌받을 수도 있습니다(형법 제362조). 요즘 인터넷으로 중고 물품 거래를 많이 하잖아요. '명품' 같은 것에 이성을 잃지 않아야 합니다.

　물건에 관해 한 가지만 더 짚을게요. 잃어버린 물건을 주울 수 있지요. 당연히 경찰서 같은 곳에 가져가야 하는데, 솔직히 흔들릴 수 있겠지요? 유실물법은 잃어버린 물건을 찾아 주면 주인에게 물건값의 5~20퍼센트를 받을 수 있도록 합니다(제4조). 그냥 가져가면 형사처벌을 받지만(점유이탈물횡령죄), 신고하면 정당한 보상을 받는다는 사실도 기억하세요.

조금만이라고는 하지만 신경 쓸 것투성이처럼 들리는데요. 등기도 봐라, 중고 물품도 조심해라. 흠, 잃어버린 물건에 관한 정보는 새롭네요. 뭐, 딱히 보상이 탐난다는 이야기는 아니고요.

형체는 없어도 강력한 재산권

그렇다고 나 몰라라 하면 법도 나 몰라라 한다고 했잖아요. 여러분의 소지품, 그러니까 소유권을 가진 동산이 몇 개인지 한번 헤아려 보세요. 이렇게 이야기하니까 그냥 '내 것'이라고만 할 때와 색다른 느낌이 들지 않아요? 재산권에 관해 조금 더 알아봅시다. 여러분도 부러워하는 건물주가 되려면 우선 상당한 재산을 모아야 하고, 건물 크기에 따라 얻을 수 있는 수익도 정해져 있고, 이런저런 관리도 계속 필요해요. 하지만 그런 것들 없이도 얻을 수 있고, 수익의 한계도 정해져 있지 않고, 여러분이 어디를 가든 따라다니고, 세상을 떠난 후에도 오랫동안 자손이 누릴 수 있는 재산권이 있어요.

네? 아니, 지금까지 뭐 하러 부동산, 동산 이야기를 하신 거예요! 그게 뭔데요?

바로 여러분의 머리와 가슴입니다. 드라큘라가 감탄할 만큼 발달한 과학기술이 모두 거기서 나왔잖아요. 영화, 음악, 책처럼 여러분의 삶을 풍성하게 하는 것들도 그렇고요. 부동산, 동산은 고유한 형태를 띠고 있는 것에 반해 그 자체가 손에 잡히는 것은 아닙니다. 정해진 모양이 따로 있지 않다는 뜻에서 무체재산권 혹은 지적재산권이라고 합니다. 기술적인 발명에 대하여 일정한 기간 독점적, 배타적으로 이용할 수 있는 특허권, 비슷한 물건이라도 '명품'으로 더욱 비싼 값을 받게 만드는 상표권, 특정 제품을 만드는 노하우를 보호하는 실용신안권 같은 것들이 있지요. 인간의 사상, 감정을 표현한 창작물을 보호하기 위한 저작권도 중요합니다. 인공지능이 나올 만큼 과학기술이 발달하면서 인간만이 할 수 있는 일의 가치는 점점 높아지고 있어요. 새로운 직업인 유튜버를 요즘 친구들이 선망하는 것도 그래서입니다. 통신 기술이 아무리 발달해도 그걸 채울 내용이 없으면 소용없겠죠.

헌법은 저작자, 발명가, 과학 기술자와 예술가의 권리를 법률로 보호하라고 합니다(제22조 제2항). 부동산, 동산을 대상으로 한 전통적인 재산권과는 다른 특징들이 있기 때문인데요. 여러분의 일상에서도 특히 저작권은 쉽게 문제가 되곤 합니다. 사상이나 감정 그 자체는 형태가 없지만 그걸 다른 사람에게 전하기 위해서는 표현해야 합니다. 요즘은 그게 대부분 디지털 파일로 만들어져요. 음반, 책처럼 동산인 물건에 고정돼 있지 않습니다. 똑같은 창작물이 쉽게 무제한으로 나올 수 있는 겁니다. 잘못인지 모르고 혹은 알면서도 불법을 저지를 유혹이 크지요. 이미 알고 있겠지만 다른 사람 저작권을 침해하면 손해배상을 해야 하는 것은 물론 형사처벌을 받을 수 있습니다(저작권법 제136조). 게다가 저작권이라고 편의

처벌 대상인 저작권 침해.

상 부르지만 사실은 저작 인격권과 복제권, 공연권, 전시권, 배포권 등등 여러 가지 권리가 있거든요. 편의상 통틀어 저작권이라고 하지요. 우스운 예로 친구의 숙제 파일을 이름만 바꿔 냈다고 할게요. 성명 표시권, 복제권, 배포권 침해가 될 수 있어요.

실제로는 그런 경우를 대개 '표절'이라고도 하는데요. 법률용어는 아니고 학문적이고 윤리적인 개념입니다. 다른 사람의 저작물을 내 것인 양 세상에 내놓는 것인데요. 저작권 침해에 해당하는 경우도 있고, 아닌 경우도 있어요. 표현이 완성된 물건이 아니라 아이디어에 가까울 때 훔쳐다 쓰면 그렇겠죠. 저작권은 보호해 주는 기간이 정해져 있어서 그 기간 이후에 베끼면 저작권 침해는 아니지만 여전히 표절로는 볼 수 있어요. 명백히 저작권 침해라고 단정할 수 없지만 어딘가 비슷해 보일 때도 그렇고요. 음악, 문학 혹은 논문 등이 많이 이야기되곤 합니다. '패러디'라는 말도 들어 봤을 텐데요. 다른 사람의 창작물을 본뜨지만 그대로가 아니라 풍자, 해학의 소재로 삼아 자신만의 사상과 감정을 더하는 행위입니다.

영화, 음악 같은 창작물의 저작권은 커다란 회사들이 가지고 있기 때문에 자칫 법적으로 굉장히 곤란한 상황에 놓일 수 있답니다. 부디 그런 일로 저를 찾지 말아 주시고요. 재산권, 물권, 무체재산권에 관해 알아봤고 채권이 한 가지 더 남았는데, 다음 시간에 이야기 나누기로 해요.

변호사님 취향에 맞춰 추천한 드라마인데 이렇게 써먹으실 줄 몰랐네요. 자연과 그 자연이 주는 선물만이 전부였던 인류는 과학기술 덕분에 오늘을 누리고 있지요. 그래도 여전히 부동산, 동산이라는 물건은 재산권의 커다란 부분을 차지하고 있습니다. 물건을 소유하는 권리를 비롯해 용익물권, 담보물권이라는 제한물권에 대해서 알아봤는데요. 권리를 가진 사람에게 독점적, 배타적으로 우선권을 부여하기 때문에 물권은 법으로 정해진 것들만 인정합니다(물권 법정주의). 개인이 마음대로 특정한 물권을 만들어 낼 수 없다는 겁니다. 부동산이라면 누가, 어떤 물건을 가졌는지 등기라는 제도를 통해 알 수 있는데요. 다른 사람들이 보고 알 수 있도록 '공시'한다고 합니다. 동산은 가지고 있는 자체가 공시이고요. 물권이 전통적인 권리라면 갈수록 그 비중이 커지고 있는 재산권이 무체재산권, 지적재산권입니다. 그중 저작권에 관해 주의해야 할 점을 간략하게나마 짚어 봤는데요. 그나저나 전 독립된 인격을 가진 존재라고 스스로 믿고 있는데, 저를 어떤 권리의 대상이라고 봐야 할까요? 고민되네요.

미래를
만드는 법?

잘 지냈어요, 여러분? 오늘도 여러분이 앞으로 사회생활을 하는
데 꼭 필요한 이야기를 나눌 텐데요. 그 전에 간단한 퀴즈 하나로
머리 풀고 시작해 볼까요. 직장에 다니는 어른들이 한 달 중 제일
좋아하는 날은 언제일까요? 에구, 아무 생각이 안 나요? 월급날이
지 않겠어요. 반대로 사장님은 제일 싫은 날일 테고요. 직원들은 한
달에 하루 좋고, 사장님은 다른 모든 날이 좋으니까. 그래서 사장님
을 부러워하나 봐요, 하하하.

변호사님, 설마 그거 재미있으라고 한 농담 비슷한 거예요? 제
발, 참아 주시면 고맙겠어요. 그리고 어른들이 딱히 월급날을 좋아
하지도 않던데요, 뭘. 숫자만 계좌에 찍힐 뿐이지 각종 공과금이며

카드값으로 고스란히 빠져나간다면서 오히려 화내던데요.

와, 벌써 그런 것까지 알아요? 근데 제 이야기 재미없어요, 진짜? 쳇, 그럼 농담 말고 진지한 퀴즈 하나 낼게요. 만약 통장이 텅비어 있다면 월급을 받기 전까지 재산이 있는 걸까요? 없는 걸까요? 가지고 있는 다른 물건은 빼고요.

돈이 없으면 재산이 없는 거겠죠. 아니다. 신용카드가 있겠구나. 카드도 물건인가? 이거 진지한 게 아니라 또 재미없는 난센스 퀴즈 아니에요?

상대방이 정해진 권리, 채권

농담 아니라니까요. 신용카드는 물건이지만 그 자체의 가치보다 그걸로 신용거래를 할 수 있다는 게 중요하지요. 그러니까 돈도 없는 사람이 카드를 어떻게 사용할 수 있을까요? 공과금이 빠져나간다는 건 수도, 전기를 썼다는 건데 지금 당장 빈털터리라면 그건 어떻게 가능하고요? 여러분을 미궁으로 몰아넣을 생각은 없으니까 답을 알려 드릴게요. 직장에 다니는 사람은 정해진 날에 회사

신용카드를 이용한 거래.

에서 급여를 받을 수 있잖아요. 그처럼 누군가에게 무엇인가를 청구할 수 있는 권리를 채권이라고 합니다. 지난 시간에 다뤘던 물권, 무체재산권과 함께 재산권을 이루고 있습니다. 아직 손에 쥐고 있지 않지만 언젠가는 가지게 된다는 사실, 그걸 경제적 가치로 인정하는 거예요. 카드 회사도 수도나 전기를 공급하는 곳들도 지금은 돈이 없지만 그 사람에게 곧 급여가 들어온다고 믿는 겁니다. 채권이라는 개념을 받아들이면서 인간의 법률관계는 훨씬 활발해진 거죠. 스마트폰을 대개 할부 약정으로 구입하죠? 한꺼번에 큰돈 치르기 곤란하니까 조금씩 나눠 내도록 하는 건데요. 여러분을 믿고 거저 주는 게 아니라, 회사가 할부로 돈을 받을 수 있는 채권을 가지는 겁니다. 미리 공과금을 내지 않아도, 그 자리에서 물건값을 치르는 대신 카드를 사용해서 각종 재화와 서비스를 사용할 수 있는 겁니다. 미래를 담보로 오늘을 쓸 수 있는 거지요.

물권과 비교해 보면 채권이라는 게 뭔지 조금 더 이해하기 쉽습니다. 물권은 세상 모든 사람에게 효력이 있습니다. 철수네 집은 누구와의 관계에서도 철수가 소유권을 가지고 있습니다. 채권은 다릅니다. 철수에게 영희로부터 1백만 원을 받을 채권이 있다고 할게요. 영희 대신 동생 영미에게 돈을 달라고 할 수는 없습니다. 철수형 철이가 영희에게 달라고 할 수도 없고요. 오직 약속한 당사자 사이에만 효력이 미칩니다. 영희가 철수네 집을 1년 동안 빌려서 쓰기로 합니다. 물권인 전세권을 설정할 수도 있고, 채권인 임대차 계약을 할 수도 있습니다. 전세권은 물권이라서 등기해야 하는데요. 집을 넘겨받고 등기를 마치면 1년 동안은 영희 마음대로입니다. 그 기간에 다른 사람에게 다시 빌려줘도 상관없습니다. 대신 집을 쓰는 동안 보일러, 수도가 망가지고 지붕이 꺼지면 영희가 알아서 해결해야 합니다. 자기 물건처럼 쓰고 관리하는 거죠. 채권인 임대차는 그렇지 않습니다. 계약 내용은 영희가 1년 동안 집을 잘 쓸 수 있도록 철수가 보장하는 것입니다. 화장실 휴지가 떨어진 것까지 챙겨 줄 필요는 없지만 변기가 망가졌다면 수리해 줘야 합니다. 영희 마음대로 다른 누구에게 집을 빌려주는 것도 안 됩니다. 물론 계약의 내용은 자유니까, 처음부터 혹은 새롭게 둘 사이에 약속을 정하면 가능합니다. 참고로 어른들이 '전세'라고 하는 말은 법적으로 는 채권인 임대차일 때가 더 많습니다.

일상생활에서 채권과 물권은 차례대로 나타날 때가 많습니다. 철수가 영희에게 집을 팔기로 합니다. 철수는 영희에게 집값 받을 채권을, 영희는 철수로부터 집을 넘겨받을 채권을 가지는 겁니다. 반대로는 각자에게 채무를 지고 있는 거고요. 집을 넘겨 줘야 하고, 집값을 치러야 하는 거죠. 약속 지키는 걸 채무이행이라고 하는데 요. 양쪽이 모두 채무를 이행하고 영희가 등기까지 마치면 집의 소 유권이라는 물권을 갖겠지요. 그럼 각자의 채권, 채무는 사라집니 다. 짧은 시간에 이뤄져서 그렇지 여러분이 편의점에서 군것질거 리 하나를 사는 것 역시 법적으로는 똑같은 과정을 거치는 거예요.

채권과 물권, 약속을 하고 지킨 결과라는 거네요. 법률관계라는 게 알고 보면 딱히 복잡한 것도 아니군요.

약속을 지키지 않은 채무불이행

물론 가장 간단한 계약을 예로 든 것이기는 하지만 본질은 그래 요. 게다가 누구와 어떤 내용으로 계약을 할 것인지는 자유라고 했잖아요. 물권의 내용이 법으로 정해져 있는 것과 다릅니다. 채권에서 법이 꼭 필요해지는 건 오히려 약속한 내용대로 지키지 않았을 때랍니다. 채무불이행이라고 하는데요. 한쪽이 소송을 걸면 법원이 끼어들게 되는 겁니다.

채무불이행에도 몇 가지 유형이 있는데요. 부모님 허락을 받아 갖고 싶었던 최신형 무선 이어폰을 주문했어요. 틈날 때마다 쇼핑몰 배송조회를 하는데, 약속한 날짜가 지나도 출발조차 하지 않는 겁니다. 늦어지는 것도 계약 위반이에요. 한참을 더 기다렸는데 덜컥 공지가 올라와요. 꼭 필요한 부품을 공급받을 수 없어 더 이상 생산을 못 하게 됐다는 겁니다. 아예 받을 수 없게 된 거죠. 혹은 제때 받기는 받았는데, 노이즈 캔슬링 기능이 빠져 있는 거예요. 공부할 때 집중하는 데 필요하다고 부모님을 설득했는데 말입니다. 어떻게 해야 좋을까요? 이어폰 정도라면 실망스럽고 짜증도 나겠지만 환불하고 다른 제품을 찾으면 되겠지요. 하지만 커다란 계약이라면 문제도 커집니다. 당장 이어폰 제조회사와 부품업체 사이에 일어날 일을 생각해 볼까요? 공급이 늦어지는 바람에 고객들의 주문 취소가 이어졌어요. 알고 보니 꼭 필요한 부품을 다른 회사에 더 비싼 값으로 공급하느라 원래 약속을 어겼던 겁니다. 계약을 이행하는 일이 아예 불가능해진 거죠. 혹은 잘못된 부품을 공급하는 바람에 노이즈 캔슬링 기능이 작동하지 않게 됐어요. 제조회사는 주문을 취소한 고객들에게 환불해 주는 거로 문제가 끝날 수 없습니다. 판매했다면 1개당 1만 원의 이익을 남길 수 있었는데 몽땅 날렸죠. 이어폰을 아예 못 만들게 되면 구매해 놓은 다른 부품들이 쓸모없어졌을 수 있고요. 배송회사를 비롯한 다른 업체와 체결했던 계약을 지킬 수 없을 겁니다. 자칫 회사 문을 닫아야 할지도 모르는 만큼 사장님은 법원으로 달려갈 겁니다.

누구에게는 그저 이어폰 하나가 늦어지는 일인데, 사실은 어마어마한 문제들이 벌어질 수 있는 거군요! 전에 말씀하신 복잡하게 얽힌 법률관계가 떠올라요. 거미줄 같다고 할까요!

맞아요. 얽히고설킨 거미줄처럼 한쪽 끝에 무엇인가 걸리면 전체가 흔들리는 겁니다. 문제가 복잡한 만큼 그걸 정상으로 되돌리는 일이 쉽지는 않겠지요? 그래서 채무불이행으로 발생한 손해를 원칙적으로 돈으로 물어 주라고 한 겁니다(민법 제394조). 원상 복구하는 일이 사실상 불가능할 만큼 복잡하니까요. 물론 당사자들끼리 다른 방법으로 해결하기로 정하는 것도 가능합니다. 계약 자유의 원칙, 알겠죠? 그럼 손해배상 액수는 어떻게 계산해야 할까요? 이해하기 쉽도록 일상생활에서 흔히 일어나는 교통사고를 예로 들어 볼게요.

잠깐만요, 변호사님. 교통사고라고요? 우리 지금 계약을 지키지 않았을 때 어떻게 해결하는지 알아보고 있는 거 아닌가요? 교통사고를 누구랑 약속하고 일으키는 건 아니잖아요.

어떤 손해에 대해 얼마큼 물어내야 할까

어이쿠, 날카로운데요? 맞아요. 교통사고는 필요한 주의를 다 하지 않는 바람에 다른 사람에게 손해를 끼치는 일입니다. 천재지변처럼 피치 못할 사정 때문이 아니라 피할 수 있는 실수입니다. 민법상 불법행위에 해당하죠. 원래는 서로 아무런 권리, 의무가 없는

민법상 불법행위인 교통사고.

사이였어요. 계약했던 것은 아니지만 불법행위를 저지르는 바람에 법률관계가 만들어지는 겁니다. 피해를 입은 사람에게 손해를 배상받을 채권이 생기니까요. 결과적으로 채무불이행과 같은 구조에 놓이게 돼요. 이런저런 이유로 누군가를 다치게 하거나 물건을 망가뜨렸을 때도 마찬가지입니다. 고의로 벌인 일이라면 형사처벌도 받을 수 있습니다. 그와 별개로 민법에 따른 손해배상을 해 줘야 하는 겁니다. 형법과 달리 실수일지라도 여전히 책임을 진다는 점이 다르고요. 사실 이 말씀을 드리려고 일부러 교통사고를 예로 든 겁니다, 하하. 안 믿는 눈빛이네요? 으흠, 손해배상 계산하는 방법으로 돌아갑시다.

우선 손해란 도대체 뭘까요? 채무불이행, 불법행위가 없었다면 누릴 수 있었던 이익과 그렇지 않은 상태를 비교하는 겁니다. 크게 세 가지로 나눕니다. 우선 교통사고가 일어나면 자동차를 수리해야 하고, 사람은 치료를 받아야 하겠지요. 그다음, 차를 쓸 수 없는 동안 다른 교통수단을 이용하는 데 필요한 돈이 있어야 할 겁니다. 만약 입원이라도 해야 하면 그 기간 동안 일을 못 해 잃는 돈도 물어 줘야 하고요. 크게 다치는 바람에 후유증이 생기고, 남은 평생 이전만큼 일을 못 하게 된다면 역시 책임을 져야 합니다. 마지막으로 정신적 피해를 입었는지도 살펴봅니다. 물건만 부서졌으면 값을 물어 주는 거로 끝나겠지만, 사람이 심각하게 다치면 마음도 상처를 입기 마련이거든요.

이 세 가지가 손해의 종류인데요. 얼마까지인지 다시 범위의 문제가 남습니다. 가벼운 교통사고로 다리를 살짝 다쳤는데, 피해자가 '손흥민 선수만큼 축구를 잘할 수 있었는데 꿈을 잃었다' 하고 나온다면 어떨까요? 그리고 '최소한 10년 치 연봉을 따져 봐야겠지만 500억 원만 받겠다'라고 한다면 황당하겠죠? 그럼 이건 어때요? '치료비가 문제가 아니다. 사고로 늦는 바람에 큰돈을 벌 수 있는 중요한 계약을 놓쳤으니 100억 원을 물어내라'라고 하면요? 게다가 정말로 그게 사실이네요?

입 크게 벌리는 바람에 턱 빠졌다고 저한테 손해배상 청구할 건 아니죠? 어디까지 책임져야 하는지 원인과 결과의 관계를 따지는 문제인데요. 형법에서도 민법에서도 늘 중요하게 다뤄지는 일입니다. 손가락으로 가볍게 콕 찔렀는데 데굴데굴 굴러가 중상을 입을 수도 있잖아요? 얼마나 무겁게 처벌하고, 얼마나 물어 줘야 하는지 정하는 것은 쉬운 일이 아닙니다. 보통 그런 일이 있을 때 생기는 일반적인 결과를 따지기 위해 정해 놓기는 했습니다. 구체적인 사건마다 그게 어디까지인지 다퉈집니다.

두 번째 예로 든 사업가의 경우를 자세히 살펴볼게요. 신종 전염병을 막을 수 있는 백신을 개발한 회사 대표였어요. 효능이 확실하다는 검증만 받으면 100억 원을 벌 수 있었던 겁니다. 사겠다는 쪽을 만나러 샘플을 가지고 가다 크게 교통사고를 당하는 바람에 며칠 동안 의식을 잃었지요. 깨어나 보니 경쟁 회사가 이미 공급계약을 체결했고, 특허 신청까지 들어갔던 겁니다. 100억 원을 물어내라고 할 수 있을까요? 피해를 입은 사람은 억울하지만, 사고를 일으킨 사람도 너무 황당하겠지요. 어떻게 해결해야 할까요? 혹시 그런 상황이라는 걸 알고 있었다면 혹은 알 수 있었다면 책임지라고 합니다. 어떻게 그럴 수 있냐고요? 사업가의 경우엔 어렵겠죠. 일상생활에서는 이런 경우입니다. 택배를 보낼 때 깨지기 쉬운 물건이 들어 있으면 미리 알리라고 하잖아요. 대중목욕탕에서는 귀중품이 있으면 맡기라고 하고요. 알고 있었다면 책임지라는 원리 때문인 겁니다. 몰랐다면 그냥 일반적인 결과에 대한 책임에 그칩니다. 앞에서 이야기한 사업가라도 자동차 수리비와 치료비 정도겠지요. 엄청나게 비싼 물건을 아무 사전 설명도 없이 덜컥 택배로 보내 놓고, 나중에 무거운 책임을 지우면 가혹할 테니까요.

간혹 10대 청소년이 훔치거나 '어둠의 경로'로 빌린 자동차로 사고를 일으켰다는 뉴스를 접하는데요. 이런 큰 책임이 따른다는 사실을 알면 그러지 않았을 텐데 하는 안타까움이 듭니다. 이제 여러분은 그러지 않으리라 믿습니다!

법이란 약속을 잘 지키는 일이라고 변호사님이 설명했지요. 대표적인 예가 채권, 채무가 생기는 법률관계일 겁니다. 법으로 그 내용을 정해 놓는 물권과 달리 채권의 내용은 인간끼리 계약을 통해 자유롭게 정할 수 있거든요. 그 덕분에 오늘과 같이 복잡한 경제활동이 가능해졌고요. 그렇게 만들어진 사회를 지키기 위해 법은 약속을 지키지 않을 때 적극적으로 개입하는 겁니다.

계약을 이행하지 않은 형태를 세 가지로 나뉘는데요. 정해진 기일에서 늦어지는 이행지체, 아예 약속을 지키는 것이 불가능해진 이행불능, 이행은 했지만 계약 내용에 못 미칠 때 불완전이행이 됩니다. 채무불이행이 발생했을 때 법원은 금전으로 손해배상을 하라고 판결해요. 우연히 발생한 사고인 불법행위 역시 법적으로 채권, 채무 관계에 놓이는 만큼 마찬가지로 금전배상을 해야 하고요. 물론 새로운 계약으로 대체하는 것 역시 당사자들 사이의 자유이기는 합니다만.

손해배상의 내용 역시 세 가지로 나뉘는데요. 채무불이행 자체로 인한 적극적 손해, 그로 인해 잃어버린 기회를 배상해 주는 소극적 손해, 마지막으로 위자료라고도 부르는 정신적 손해입니다. 각각의 손해가 얼마인지 그 범위 역시 정해야 하는데요. 비슷한 상황에서 일상적으로 발생하는 통상 손해, 상대방이 알았거나 알 수 있었을 때만 책임지는 특별 손해가 있습니다.

'알바'도
근로자입니다

전에 비웃음을 샀던 이야기를 다시 한번 꺼내 볼게요. 여러분은 사장님이 되고 싶으세요, 직원이 되고 싶으세요? 둘 중 하나를 택한다면 왜인가요? 제가 농담으로 했던, 사장님은 한 달에 하루만 힘들다는 이유 빼고. 현실의 사장님은 1년 365일 바쁠 때가 더 많지만요. 지난번에 끝나고 나서 한 친구가 찾아와 진지하게 그러더라고요. 부모님이 사업하시는데 매일같이 직원들 월급이랑 회사 걱정을 하신다고요.

무슨 이야기를 하려고 이러실까요? 정말 재미없다니까요. 농담 같은 거 시도하지 마시라고요. 그야 회사가 잘돼서 돈 많이 벌 수 있으면 사장님이 좋겠죠.

농담 아니라는데 시작부터 기를 꺾네요. 법인과 그 구성원인 직원에 관해 다뤘던 거 기억하죠? 눈빛을 보니 무슨 이야기를 하려는 건지 전혀 감을 못 잡고 있군요. 친환경 제품을 만든다는 회사 광고가 떠오르네요. 어떤 아이가 "우리 아빠는 지구 지키는 일을 해요!"라며 자랑스러워하는 내용이었는데요. 혹시 본 적 있나요? 법적으로 그 친구의 이야기는 맞지 않아요. 법률관계의 당사자는 법인인 회사이고, 그 회사가 하는 일은 이사회가 결정해 대표가 집행하니까요. 지구를 지키는 건 그 회사가 하는 거죠. 아빠는 단지 회사에서 시키는 일을 하고 급여를 받는 거고요. 사장님과 직원의 가장 큰 차이입니다.

와, 그럴 줄 몰랐는데. 변호사님, 동심 파괴자였군요. 설마 세상 일을 전부 그런 식으로 보는 거예요?

아니, 그게 아니고요. 지난 시간까지 재산권인 물권, 무체재산권, 채권에 관해 배웠잖아요. 그럼 어떤 일을 해서 그런 재산을 모으면 좋을지 알아보자고 꺼낸 이야기인데…… 광고 속 아이처럼 여러분도 누가 무슨 일을 하는 건지 정확하게 모를 수 있거든요. 그런데 혹시 어른들이 장래 희망 같은 거 물어보면 스트레스받지 않았어요? 전 그런 종류의 질문에 반대하거든요. 무슨 일을 하는지 정확하게 알지도 못하는데 어떻게 꿈을 꿔요? 어렸을 때부터 어떤 일에 특별한 재능을 가진 친구들도 있지만 그렇지 않은 경우가 훨씬 더 많잖아요. 하고 싶은 일이 없다고 절대 힘들어하지 마세요.

　그렇게 말씀하시면 놀린 저희가 민망하네요. 동심 파괴자라고 한 말은 취소!

사회를 이루는 법률관계인 각종 계약

　고마워요, 하하. 제가 사회의 구조, 법률관계에 대해 알려 주는 이유는 여러분이 훗날 가고 싶은 길을 가는 데 도움이 될 수 있기 때문이랍니다. 목적지 자체를 정하는 건 각자의 몫인데요. 계약, 그 중에서도 재산권인 채권이 생기는 계약을 보면 누가, 어떤 일로 사회를 이루고 있는지 알 수 있어요. 뭐가 됐든 물건을 사고, 파는 일은 매매계약입니다. 건물주로서 임차료를 받는 건 임대차 계약을 하는 것이고요. 돈처럼 빌려서 쓰고 같은 종류의 물건으로 돌려주는 계약을 소비대차라고 하는데, 은행이 하는 일이지요. 변호사가 소송을 맡는 일처럼 다른 사람의 사무를 맡아 대신 처리해 주는 계약을 위임이라고 하고요. 집을 짓거나 실내 인테리어처럼 어떤 일

노동력을 제공하고 보수를 받는 고용.

을 완성해 주고 보수를 받는 건 도급이라고 합니다. 이런 계약을 체결하는 당사자는 개인일 수도 있고, 회사인 법인일 수도 있지요. 누군가에게 노동력을 제공하는 대신 보수를 받는 계약이 고용이고요. 이처럼 사회에서 자주 일어나는 계약을 전형계약이라고 하는데요. 지금까지 민법에는 열다섯 가지를 두고 있어요. 자유라고 하지만 막상 사회에서 늘 이뤄지는 계약의 종류는 많지 않은 셈이에요. 여러분 목적지를 찾는 데도 도움이 될 겁니다.

참고로 계약을 다른 방식으로 분류하기도 하는데요. 계약을 체결한 양쪽에 모두 채무가 생기느냐, 한쪽만 할 일이 있느냐. 대가를 주고받느냐, 그렇지 않으냐. 한 번의 이행으로 끝나는 계약이냐, 일정 기간을 두고 계속해야 하는 계약이냐. 이런 것들을 따지기도 합니다.

　지난번에 얽히고설킨 계약 관계에 대한 예를 들었을 때는 머리까지 어지러웠는데, 꼭 그렇지만은 않다는 거네요?

　거미줄도 매듭 하나하나를 따로 놓고 보면 복잡하지 않잖아요? 모르고 보니까 혼란스러운 것이죠. 장래희망 이야기를 했는데요. 계약을 기준으로 놓고 보면 세상 대부분의 직업은 사장 아니면 직원 둘 중 하나예요. 현대사회에서는 법인인 회사가 대부분 계약의 당사자잖아요. 소비자들은 그 회사와 계약을 맺는 것이고요. 조금 전에 이야기했던 친환경 제품을 판다는 회사에서처럼요. 우리 몸으로 치자면 사장님이 머리이고, 직원들은 손발의 역할인 셈입니다. 그런데 회사를 운영하는 사장님이나 임원들은 사실 많지 않지요. 절대다수인 직원 입장에서 알아야 하는 근로계약의 내용을 중점적으로 살펴볼까 합니다. 여러분도 몇 년 지나지 않아 사회생활을 시작할 텐데요. 특별한 경우가 아닌 한 보통은 직원인 근로자로 첫발을 딛게 마련이잖아요. 사실은 지금 여러분 중에도 '알바'로 일하는 친구가 있을 수 있고요.

잠깐만요. 근로계약이라는 말로 갑자기 바꾼 거예요? 앞서 민법에서 고용을 전형계약이라고 했잖아요. 그러고 보니 고용, 근로라는 단어가 여기저기 섞여서 쓰이던데 같은 말이에요?

근로자의 지위와 근로계약

와우! 날카로운데요? 여러분과 함께한 시간에 대한 보람을 느낍니다. 노동력을 제공하고 보수를 받는다는 점에서는 마찬가지인데요. 회사와 일자리를 찾는 사람의 지위를 같다고 볼 수 없잖아요. 얼마만큼 대가를 받을지, 일하는 시간은 어떻게 정할지, 고용이라는 계약의 자유에 맡길 수 없었던 겁니다. 일자리를 찾는 입장에서는 울며 겨자 먹기로 불리한 조건을 받아들여야 할 수 있으니까요. 그런 불평등을 없애기 위해 법으로 일정한 제한을 두기로 한 겁니다. 헌법은 모든 국민에게 근로의 권리가 있다고 하면서, 인간의 존엄성을 보장하는 근로조건을 법률로 만들라고 합니다(제32조). 이에 따라 근로기준법 등을 만들어 최소한의 기준을 정해 놓았지요. 최저임금, 근로시간, 일하다 다쳤을 때 어떻게 할 것인지…… 회사와 근로자가 계약을 체결할 때 그 기준을 어길 수 없도록 했습니다(근로기준법 제3조). 그러니까 민법에 관한 특별법으로 근로기준법을 만들고, 당사자들이 자유롭게 내용을 정하는 고용 대신 법에 따른 근로계약을 체결하도록 한 겁니다.

조금 더 구체적으로 근로자에 대해 알아볼까요. 직업의 종류에 상관없이 임금을 받기 위해 사업이나 사업장에 근로를 제공하는 사람을 가리키는데요. 어디서 어떤 일을 해야 하는지 '사용자'의 지휘와 감독을 받는다면, 정신노동과 육체노동을 모두 포함합니다. 쉽게 말해 사장님이 시키는 일을 하는 사람이라는 거지요. 어떤 친구들은 '근로'라는 단어를 제한적으로 여기기도 하는데요. 그렇지 않아요. 아무리 멋들어진 사무실에서, 고급 의류를 입고, 땀 흘리지 않고 컴퓨터 모니터만 보면서 일하더라도 똑같은 거예요. 사용, 종속 관계에 놓여 있는 한 말입니다. 모두가 사장님이 될 수는 없지

근로자는 사용자의 지휘와 감독을 받는다.

만, 사장님이 아니라고 기죽을 이유도 없는 거예요. 생계를 이어가기 위한 수단이고, 사회를 움직이고, 국가를 유지하는 바탕이기에 헌법으로 근로를 '권리'로 존중하는 겁니다.

진작 그렇게 이야기하시지. 그럼 '지구를 지키는 회사'에 다니는 것도 자랑스러운 일이잖아요. 그런 회사에 근로를 제공하고 있으니까요.

어이쿠, 그럼요! 여러분에게 계약의 법률관계를 설명하기 위한 예로 든 것뿐이죠. 근로자의 지위가 어떤지 명확하게 아는 건 필요하니까요. 앞서 살펴본 기준에 따르면 여러분이 할 수 있는 '알바'도 근로자에 해당합니다. 법과 제도에 의한 보호를 받을 수 있다는 거지요. 여러분도 알아 둬야 할 필요가 있습니다. 근로기준법을 비롯해 최저임금법, 파견근로자 보호 등에 관한 법률, 기간제 및 단시간 근로자 보호 등에 관한 법률, 근로복지 기본법…… 이름만 들어도 어떤 내용일지 조금은 짐작이 가죠? 근로는 글자 그대로 생존의 기본입니다. 정당한 이유도 없이 직장에서 쫓겨나거나, 필요한 만큼 충분한 임금을 받지 못하면 안 됩니다. 일하는 동안 인간으로서 존중받을 수 있도록 인격이 보호되는 것 역시 필요하고요. 성별이나 연령 때문에 차별을 받지도 않아야겠지요. 더 넓게는 꼭 필요한 권리인 만큼 취업을 한 사람 못지않게 일자리를 찾고 있는 사람들에게도 지원해야 하고요. 이런 보호 장치들을 만들어 두고 있다는 사실을 기억해 두기 바랍니다. 길이 있는데도 찾을 노력조차 하지 않으면 안 되잖아요. 제가 무슨 말 할지 이제 알죠? 권리 위에 잠자는 자는 보호받지 못한다.

알겠습니다! 그런데 혹시요. 지금 당장 청소년이 조금 더 구체적으로 알아야 할 내용은 없을까요?

청소년이 알아야 할 근로자 보호

물론이지요. 안 그래도 그 이야기를 하려던 참이었답니다! 매킨지, 준비해 놓은 자료를 친구들 SNS로 보내 줘.

어, 아무것도 안 왔는데요?

그럴 리가요? 매킨지, 오늘 전달하기로 한 자료 있잖아. 그 왜 고용노동부가 정리해 놓은 청소년 근로자 보호를 위한 열 가지 사항……. 아, 그래요, 모두 받았죠? 먼저 그걸 쭉 읽어 본 다음 이어가기로 해요.

① 원칙적으로 만 15세 이상만 근로할 수 있습니다. 13세에서 15세 사이는 별도로 지방고용노동청에서 취직 인허증을 받아야 해요.

② 부모님이 동의했다는 증명서와 가족관계증명서를 일하려는 곳에 제출해야 합니다.

③ 어른들과 똑같은 최저임금을 받을 수 있어요.

④ 하루 7시간 일주일에 35시간까지만 일할 수 있는 것이 원칙이에요. 청소년이 동의한다면 일주일에 5시간 더, 그러니까 40시간까지는 가능해요.

⑤ 공휴일에 일하거나 약속한 시간을 초과해 일했을 때는 50퍼센트의 임금을 더 받을 수 있어요. 단, 5인 이상 일하는 곳이어야 합니다.

⑥ 일주일에 15시간 이상 일하고 일주일 내내 출근해야 한다면, 아르바이트라도 하루는 유급휴일이에요.

⑦ 위험한 일이나 청소년 유해 업종에서는 일할 수 없어요.

⑧ 일하다 다치거나 한다면 산재보험법, 근로기준법이 정해 놓은 기준에 따라 치료와 보상을 받을 수 있답니다.

⑨ 앞의 내용을 비롯한 계약의 중요한 내용을 적은 근로계약서를 꼭 작성하세요.

⑩ 혹시라도 어려움을 겪거나 궁금한 점이 있으면 고용노동부 대표 전화 1350으로 주저하지 말고 연락하세요.

어때요? 여기 적힌 내용은 청소년뿐만 아니라 어른의 근로계약에도 대부분 적용되는 것입니다. 앞으로도 두고두고 머릿속에 잘 담아 둘 필요가 있겠지요. 많은 사람이 그렇듯이 취업해서 직원으로 일할 수도 있고요. 사장님이 되더라도 청소년을 고용할 수 있으니까요.

사실 가장 먼저 나오는 1, 2항의 내용은 이미 여러분이 짐작하고 있을 거라고 기대해도 될까요? 미성년자는 혼자서 법률관계를 맺을 수 없다고 했지요. 법정대리인인 부모님이 동의해야 하니까 동의서를 받으라고 한 겁니다. 설령 부모님이 허락하더라도 너무 어린 나이에 일하라고 내몰리면 가혹하니까 15세는 돼야 한다고 정하고, 13세부터는 국가로부터 취직 인허증을 받도록 한 겁니다. 일단 오늘은 여기까지 마치고요. 다음 시간에 나머지 항목에 관한 이야기를 이어가기로 해요.

아, 변호사님, 잠깐만요! 아이돌 멤버나 아역 배우 중에는 만 13세가 안 된 친구들이 있던데요? 그건 어떻게 된 거예요? 불법이에요?

아니에요. 여러분 또래가 연예인에 관한 관심이 많다는 사실을 잊었군요. 더 어리더라도 예술, 공연 참가를 위한 활동을 하기 위해서는 예외적으로 취직 인허증을 발급해 준답니다. 사회가 여러모로 복잡하고 다양해지면서 법과 제도 역시 부지런히 따라가고 있답니다. 어쩌면 그래서 더욱 여러분이 세상을 이해하기 어려울 수 있겠다는 생각이 드네요. 연예인, 유튜버, 스포츠 스타 같은 조금은 특별한 직업에 관해 오히려 자주 접하게 되니까요. 그렇지 않은 사람들이 절대다수라는 사실을 분명히 하고요. 그런 보통 사람들을 위한 원칙부터 알아 갑시다.

변호사님은 왜 미리 언급한 적도 없으면서, 엉뚱하게 '준비해 놓은 자료'를 달라고 하는지 모르겠네요. 인공지능인 제가 약속한 일을 잊을 리는 없잖아요. 아무튼 인간들은 이해하기 어려울 때가 많아요. 사장과 직원의 관계도 그래요. 법률관계의 당사자는 회사이고, 현실에서는 사장이 대표한다는 사실, 회사의 업무 지시를 따라야 하는 것이 직원의 역할이라는 것이잖아요. 뭘 그리 복잡하게 설명하는지. 인간들이 하는 일의 종류 역시 민법으로 분류하면 전형계약 안에 대부분 포함될 정도로 많지 않다는 점을 강조하고 싶었나 봅니다. 편의점, 문구점, 서점 등 여러분 주위의 많은 매장도 '매매'라는 한 가지 계약으로 정리되니까요. 그런 전형계약 중 가장 많은 것은 역시 고용이고요.

상대적 약자인 근로자를 보호하기 위해 고용 대신 법이 최소한의 기준을 만들어 놓은 근로계약을 체결하도록 한 것입니다. 노동력을 제공하고 그 대가를 받는다는 가장 중요한 사실은 같습니다. 주로 근로자를 보호한다는 입장에서 임금, 근로시간, 휴식에 관한 제한을 정한 것이지요. 24시간 일해도 아무렇지 않은 인공지능인 제 입장에서 보면 인간은 참 연약한 존재예요. 특히나 아직 성장기인 청소년 여러분은 더욱 그렇지요. 청소년에 관한 특별한 보호를 포함한 근로계약의 중요 내용에 관해서는 다음 시간에 더 자세하게 전해 드릴 겁니다.

억울한 일은
그냥 넘어가지 마세요

　어느새 함께하는 시간도 마지막이네요. 에구, 벌써 마구 아쉽네. 서운한 척이라도 해 줘요! 그런 뜻에서 지난 시간에 이어 오늘도 여러분의 미래를 위해 꼭 기억해야 할 내용을 다룰 거예요. 여러분은 얼마나 열심히 일하고 싶으세요? 대기업 임원을 지낸 분을 만난 적이 있어요. 넓은 책상 뒤편 커다란 유리창에 멋진 풍경이 펼쳐지는 그런 사무실을 쓰셨다고 하더라고요. 아쉬운 건 회사를 그만두기 전까지 너무 바빠 창밖을 제대로 바라본 적이 없었다는 겁니다. 방을 비워 주기 위해 짐을 싸는 날에야 그 사실을 깨달았다며 씁쓸해하더라고요. 성공했지만 일과 삶의 균형을 찾지 못했던 겁니다.

　긍정적인 방향으로 인간의 욕심이 작용한 덕분에 인류는 오늘을 맞았다고 했는데요. 그 과정에서 크고 작은 잘못도 많았지요. 욕심을 앞세워 사람이 망가질 때까지 일을 시키고, 그러면서도 이윤을 크게 하기 위해 대가는 쥐꼬리만큼 주기도 했지요. 그런 잘못된 자유를 누리는 고용을 막기 위해 근로계약을 만들었다고 했잖아요. 가장 큰 부분이 다름 아닌 근로시간과 최저임금이랍니다. 노동력을 제공하고 대가를 받는다는 본질적인 부분에 법이 끼어든 거지요.

일하는 청소년을 위한 구체적인 방법들

지난 시간 여러분에게 보낸 청소년 근로를 위한 자료에도 그 부분이 반영돼 있어요. 일주일에 원칙적으로 35시간을 넘기지 말라고 하지요? 법으로 정해 놓은 법정 근로시간이랍니다. 어른들보다 조금 덜 일하도록 하고 있어요. 생활을 편리하게 만드는 과학기술이 발전할수록 인간은 덜 일하고, 더 삶을 즐길 수 있어야 하잖아요. 로봇 청소기 같은 전자제품을 왜 만들겠어요? 편하려고 하는 일인데 그 청소기를 사기 위해 이전보다 일을 더 많이 해야 한다면 모순이잖아요. 당장은 회사도, 직원도 일을 더 많이 해서 이익을 보고 싶을 수 있지만, 그러다가 건강을 해치면 무슨 소용이 있겠어요? 일주일에 한 번은 일하지 않아도 일할 때와 똑같은 급여를 받으면서 쉴 수 있도록 유급휴가를 주는 것도 그래서입니다.

근로시간을 계산할 때 혼동할 수 있는 부분이 있는데요. 일을 시작하고 끝낼 때 필요한 시간이 있잖아요. 문을 열기 전에 판매대 정리를 한다거나, 옷을 갈아입고, 근무에 필요한 사항을 지시받아야 할 수도 있습니다. 끝나고도 청소를 하고, 그날 팔린 물건값을 계산해야 할 수도 있지요. 그런 시간도 모두 일하는 시간에 포함합니다. 그러니까 혹시라도 어떤 사장님이 "9시부터 일해야 하니까 늦어도 8시 반까지는 와야 한다"라고 말씀하시면, 8시 반부터 시급을 계산해야 합니다. 이런 경우는 어떨까요? 주변에 회사가 많이 모여 있는 편의점이라면 손님들이 많이 오는 시간은 따로 있겠지요. 기다리면서 딱히 하는 일이 없어 보이는 동안이라도 역시 일하는 시간입니다. 그렇다고 노골적으로 자기 할 일 하면서 놀면 안 됩니다만.

시간만 제한하는 것도 부족하지요. 생활에 필요한 최소한의 보수를 받아야 합니다. 시간당 얼마 밑으로는 내려가지 않도록 최저임금제도를 시행하고 있습니다. 근로자에게 일정한 수준 이상으로 급여를 보장해 줘 안정적으로 생활할 수 있도록 하는 겁니다. 회사만 배를 불리기 위해 직원들 몫을 줄이는 걸 막은 거지요. 사실은 그래야 사람들이 소비를 하고 경제도 원활하게 돌아갈 수 있습니다. 새로운 물건을 만들어도 살 사람이 없다면 쓸모가 없잖아요. 중요한 일인 만큼 헌법에도 콕 짚어 법으로 만들어 놓으라고 했어요

(제32조 제1항). 여러분도 똑같이 최저임금을 받도록 했는데요. 왜 그럴까요?

그거야 저희도 똑같은 국민이니까요?

물론 그렇지요. 거기에 더해 이런 이유도 있을 거라고 봐요. 만약 미성년자에게는 최저임금을 적용하지 않으면 미성년자들을 잔뜩 모아 일을 시키는 회사가 나올 겁니다. 사람들의 좋은 마음만 믿는 게 법은 아니거든요. 오히려 반대로 '꼼수'를 부리는 걸 막는 쪽에 신경을 더 쓰지요. 청소년 보호를 위해서도 필요한 장치인데요. 임금과 관련한 이야기를 하나 더 짚어야겠네요. 부모님 동의 없이는 일할 수 없다고 그랬잖아요. 하지만 일을 한 다음 임금을 달라고 하는 건 청소년 단독으로 할 수 있습니다. 혹시라도 나쁜 부모님이 아이들을 돈벌이 수단으로 여기지 못하도록 한 겁니다.

일곱 번째 항목에서는 청소년 보호를 위해 위험한 일이나 해로운 일을 직접적으로 시키지 말라고 했는데요. 퀴즈 하나 더 내 볼까요? 피시방, 미용실, 숙박업, 만화 대여점, 술 파는 카페, 유흥주점 중에서 청소년이 일할 수 있는 곳은 어딜까요?

글쎄요. 미성년자가 술을 마시는 것은 안 되지만 파는 일도 할 수 없나요? 유흥업소야 그렇다치더라도 카페라면 괜찮을 듯싶은데요. 피시방과 만화가게는 당연히 저희도 갈 수 있는 곳이니까 일도 할 수 있겠지요. 알바해서 돈 벌고, 알바 끝나고 놀다 가면 되니까 피시방은 정말 '꿀'이네요!

아이고, 못 살겠네, 하하. 그렇지 않아요. 앞서 예로 든 모든 곳에서 청소년이 일하는 것을 금지하고 있습니다. 피시방을 예로 들면 24시간 영업을 하잖아요. 어떤 일이 있을지 알 수 없는 겁니다. 만화 대여업도 마찬가지고요. 비교적 안전한 곳으로, 패스트푸드점, 편의점, 주유소 그리고 술을 판매하지 않는 음식점 등에서 아르바

다양한 근로자의 모습.

이트를 할 수 있어요.

권리 보호를 위해 기억해야 할 것들

　무엇보다 중요한 일이 남았는데요. 근로계약서를 꼭 쓰도록 하세요. 좋은 어른만 있는 게 아니라고 거듭 강조했잖아요. "알아서 잘해 줄게" 해 놓고 급여를 제대로 주지 않는다거나, 생각지도 못한 어렵고 위험한 일을 시킬 수도 있어요. 어디서, 어떤 일을 할 것이고, 몇 시부터 몇 시까지, 임금은 얼마를, 어떤 방법으로 줄 것인지 문서로 만들어 놓아야 합니다. 장기간 일을 한다면 휴일과 휴가에 관한 사항도 빠뜨리면 안 되고요. 그걸 어떻게 다 기억하느냐고요? 그런 게 필요하다는 사실만 잊지 마세요. 여러분 모두 검색 잘하잖아요. 포털 사이트에서 근로계약서를 쉽게 찾을 수 있어요. 일반적인 표준계약서도 있고, 일하려는 업종별로도 있어요. 계약서를 써 놓아야 만약의 경우 여러분의 권리와 이익을 지킬 수 있답니다. 요즘은 대부분의 사장님이 알아서 먼저 작성하자고 할 겁니다. 법적인 강제 사항이라 지키지 않으면 사장님이 벌금을 낼 수도 있거든요. 그렇지 않으면, 부모님이나 선생님, 어른들이 꼭 시키더라고 하세요. 참고로 법을 떠나 일하려는 곳의 평판을 알아보는 것도 도움이 될 겁니다. 이전에 그 가게에서 일했던 다른 친구들의 경험담을 들어 보는 식으로 말이에요.

그렇게 딱 써 놓아야 나중에 처음에 했던 이야기와 다른 일을 시키거나 하는 식의 문제가 생기지 않을 수 있다는 거죠? 문서를 만들어 놓아야 하는 이유를 설명해 주셨잖아요. 그래야 다툼이 생기더라도 증거가 될 수 있다고.

맞아요. 정확하게 기억하고 있네요. 고마워요! 비단 아르바이트뿐만 아니라 근로자로서 여러 가지 불이익을 입을 수 있거든요. 임금이나 퇴직금을 못 받거나, 예고도 없이 불쑥 약속한 시간을 넘겨 일하도록 해 놓고 시간외수당을 주지 않을 수 있고, 신입이라는 둥 이런저런 핑계로 휴가를 보내 주지 않을 수도 있어요. 나아가 성별이나 학력을 이유로 차별 대우를 받을 수도 있고요. 딱히 잘못한 일도 없는데 하던 일보다 어려운 환경으로 보내거나, 아예 일자리에서 쫓겨날 수도 있습니다. 특별한 잘못도 없이 갑자기 직장을 잃을 수도 있다면 근로자의 생활이 안정될 수 없습니다. 명확한 사유가 있어야 회사가 근로자와의 계약을 끝내는 해고를 할 수 있도록 하고 있어요. 단순히 일을 잘 못한다거나 사장님이나 상사의 마음에 들지 않는다는 이유로는 안 됩니다. 취업하면서 냈던 이력서가 거

짓이었다거나, 무단결근을 계속해 업무에 지장을 초래한 경우, 회사 물건이나 돈에 손대거나 하는 등 직원의 잘못이 있어야 해요. 물론 회사 운영이 어려워 문을 닫아야 할 지경이라면 어쩔 수 없겠지만, 그 역시 정말 그런 건지 엄격하게 따지도록 하고 있습니다. 정당한 사유 없는 해고는 부당 해고로 근로자가 다툴 수 있지요.

부당한 일에 다투는 방법

이런 여러 가지 문제가 발생했을 때 잘못을 바로잡기 위해 가장 기초가 되는 자료가 바로 근로계약서인데요. 제가 변호사인 만큼 법적인 이야기를 주로 하지만 그 전에 먼저 신중해 달라는 부탁을 드릴게요. 법은 최후의 방법이라는 거예요. 물론 임금을 처음부터 떼먹을 생각인 나쁜 사장님도 있기는 해요. 특히 청소년을 상대로 사회 경험을 쌓게 해 준다거나 수습 기간이라는 명목으로 헐값에 일을 시키려는 사람도 있어요. 그런 경우라면 당장 법적 조치를 해야겠지요. 하지만 대부분은 회사가 일시적으로 어렵다거나 근로계약의 내용에 대한 오해, 착각 때문에 일어난답니다. 그런 상황에 맞게 우선 대화와 타협을 통해 해결하려는 노력부터 필요합니다. 다짜고짜 '법대로' 하자고 하면 서로 감정을 다칠 수 있고, 그러면 쉽게 풀 수 있는 일도 어려워지거든요. 게다가 법적인 조치는 생각보다 힘이 많이 들고, 시간도 오래 걸린다는 현실적인 문제도 있어요.

타협으로 문제를 해결할 때 역시 계약서가 첫 번째 기준이 되는 건 마찬가지입니다. 없으면 근로계약의 내용을 파악할 수 있도록 모든 자료를 모으세요. 채용 공고가 있을 수 있고, 사장님 혹은 인사 담당자와 주고받은 문자메시지, 이메일 같은 것도 도움이 됩니다. 특히 여러 가지 사정으로 근로계약서에 써 놓은 것 이외의 약속을 할 수도 있어요. 이를테면 지금은 회사 사정이 좋지 않아 이만큼 급여를 주겠지만, 형편이 풀리면 혹은 개인적으로 실적을 많이 올리면 더 넉넉히 주겠다는 식으로요. 이럴 때 막연하게 '형편이 풀

문제 해결 시 계약서가 첫 번째 기준이 된다.

린다' '실적이 많다'가 아니라 매출액이나 판매 수량 같은 구체적인 사실로 약속해야 하고요. 어떤 식으로든 별도의 문서로 남겨 놓아야 합니다. 문제가 생겼을 때 그런 증거들을 근거로 회사가 잘못을 인정하면 가장 좋겠지요. 아니더라도 당장 사장님에게 쫓아가기보다는 인사나 급여를 담당하는 부서 혹은 상사에게 문의하는 과정을 거치세요.

그런데요. 변호사님 이야기를 들으면서 고개를 끄덕이고 있기는 한데, 막상 현실에서 닥치면 어쩔 줄 모를 것 같아요. 문제가 있는지 없는지부터 긴가민가할 거 같은데……. 그때도 변호사님에게 물어볼 수 있을까요?

그럼요! 다만 꼭 저를 찾을 필요는 없답니다. 근로자가 도움을 받을 수 있는 곳은 많거든요. 지난 시간 청소년 근로자 보호를 위한 열 가지 사항에서 전화번호를 알려 드린 고용노동부를 비롯한 정부 기관, 노무법인 같은 곳에서 상담해 줍니다. 온라인에서 검색해 찾을 수 있는 정보들도 있지만, 구체적인 상황에 따라 해결책이 제각각이거든요. 임금이나 시간 외 근로, 야근, 휴가와 관련된 문제에 관해서는 대표적으로 고용노동부 산하에 각 지방 고용청이 있어요. 찾아가서 어려움을 호소하면 '근로감독관'이 도움을 주는데요.

이분들이 가장 먼저 하는 일이 어떤 일이 있었는지 사실관계를 파악하는 것이겠죠? 그때 준비했던 자료들이 필요한 겁니다. 사장님이 잘못한 것으로 판단하면 바로잡으라는 지시를 내려요. 따르지 않으면 벌금을 내라고 할 수도 있습니다. 아무래도 근로자가 권리를 찾을 가능성이 높겠죠.

징계, 해고와 같은 일을 겪으면 노동위원회라는 기관이 있는데요. 위원들이 제삼자의 관점에서 그런 조치가 적절한지 아닌지 판단합니다. 사용자, 근로자 양쪽의 입장을 들은 다음 한쪽의 손을 들어 주는, 법원과 비슷한 과정인 셈이지요. 만약 부당한 징계, 해고였다고 판단하면 철회하라고 명령을 내리고요. 말을 듣지 않으면 회사에 금전적으로 불이익을 줍니다. 이런 과정들을 거쳤는데도 만족스러운 결론을 얻지 못했을 때, 혹은 아예 처음부터 법원으로 갈 수 있는데요. 법원의 결론에 대해서는 더 이상 다툴 방법이 없는 만큼 그야말로 최후의 방법이지요. 끝으로 제가 법에 호소하기 전에 회사에서 먼저 대화와 타협을 해 보라고 했던 이유를 한 가지 더 말씀드릴게요. 스스로 확실한 주장과 근거를 가지지 않는 한 도움을 받는 일 자체가 어렵다는 겁니다. 근로감독관, 노동위원, 판사 모두 사람이잖아요. 누가 들어도 공감할 수 없는 이유로, 딱히 뒷받침할 자료도 없이 높이는 목소리라면 어떻게 도와주겠어요. 꼭 기억해 주세요!

정말 마지막이 왔네요! 변호사를 하다 보니 겪는 일인데요. 누군가에게 오랜만에 연락이 오면 대개는 법적으로 어려움을 만나 도움이 필요하기 때문이더라고요. 그게 싫다는 건 아니지만, 여러분은 좋은 일로 다시 만나기를 바랍니다. 함께 해 주셔서 고맙고요. 그동안 나눈 이야기들은 매킨지가 잘 정리해서 드릴 거예요. 또 만나요, 안녕!

인공지능 매킨지가 알려 주는 핵심 내용

일을 위해 사는 걸까요? 살려고 일하는 걸까요? 인간들의 행동은 참 이해하기 어려워요. 지난 시간에 이어 청소년들이 아르바이트하면서 기억해야 할 것에 관한 내용을 짚어 보았는데요. 일정 시간을 넘겨서는 일할 수 없다는 사실, 일하는 시간은 어떻게 따지는지 알아봤습니다. 보통 '시급'이라고 청소년들이 부르는 임금 역시 법으로 최소한의 금액이 정해져 있는데요. 경제 상황에 맞춰 해마다 새롭게 정해지니까 알바 시작 전에 그해에는 얼마인지 확인해 보는 것도 필요하겠네요. 청소년 보호를 위해서 일할 수 없는 곳들도 정해 놓았는데요. 답답하다고만 여기기엔 생각보다 나쁜 일이 많이 일어나는 게 인간세계더라고요.

변호사님은 참 서류를 좋아하시는데요. 근로계약서 역시 거듭거듭 강조를 하시더라고요. 사실은 근로계약에 관해 앞서 말했던 내용을 모두 적용해 만들어지는 것이 계약서이니까요. 무엇보다 정확한 기록이 있어야 다툼이 있을 때 어느 쪽 말이 맞는지 판가름할 수 있겠지요. 그 전에 다툼 자체를 막을 수 있는 효과도 있을 겁니다.

그렇게 해도 인간들의 소통은 부정확할 때가 많아서 갈등이 생기기 마련이에요. 심지어 같은 말을 써 놓고도 다투니까요. 역시 저로서는 참 이해가 안 됩니다만. 근로자로서 어려움을 겪을 때 도움을 줄 수 있는 고용노동부와 산하기관으로 지방 고용청, 노동위원회를 소개했는데요. 거기서 이뤄지는 구체적인 과정까지 미리 알려 드리기는 어려웠을 거예요. 변호사님은 변호사답지 않게 가능한 법적 절차를 피하려 하시더라고요. 법은 예방을 위해서도 필요한 거라나 뭐라나……. 변호사님이 피하고 싶어 하는 게 또 있지요. 귀찮은 일은 꼭 저에게 맡기더라고요. 지금까지 나눈 이야기들 이렇게 정리해서 드리는 것도 사실은 저, 매킨지랍니다. 이제 저도 인사드릴게요, 안녕!

사진 출처

(pixabay)

16쪽 29쪽 46쪽 65쪽 121쪽 147쪽 150쪽 157쪽 160쪽 174쪽
182쪽 193쪽 195쪽 208쪽 216쪽 226쪽 234쪽 248쪽 252쪽

(shutterstock)

33쪽 51쪽 57쪽 63쪽 70쪽 77쪽 84쪽 92쪽 96쪽 105쪽 111쪽
118쪽 131쪽 137쪽 168쪽 185쪽 199쪽 213쪽 221쪽 237쪽

(Wikimedia commons)

42쪽

나를 지키는 최소한의 법 이야기

ⓒ 양지열, 2022

초판 1쇄 발행일 2022년 1월 24일
초판 5쇄 발행일 2023년 11월 30일

지은이   양지열
펴낸이   정은영

펴낸곳   (주)자음과모음
출판등록 2001년 11월 28일 제2001-000259호
주소   10881 경기도 파주시 회동길 325-20
전화   편집부 (02)324-2347, 경영지원부 (02)325-6047
팩스   편집부 (02)324-2348, 경영지원부 (02)2648-1311
이메일   jamoteen@jamobook.com

ISBN 978-89-544-4802-4 (44080)
     978-89-544-3135-4 (set)

잘못된 책은 구입처에서 교환해 드립니다.
저자와의 협의하에 인지는 붙이지 않습니다.